사상 최강의
철학 입문

Original Japanese title: SHIJOU SAIKYOU NO TETSUGAKUNYUMON
Copyright © 2015 Yamucha
Original Japanese edition published by KAWADE SHOBO SHINSHA Ltd. Publishers
Korean translation rights arranged with KAWADE SHOBO SHINSHA Ltd. Publishers
through The English Agency (Japan) Ltd. and Danny Hong Agency.
Korean translation copyright © 2017 by Dongnyok Publishers

사상 최강의 철학 입문
© 야무차, 2017

초판 1쇄 펴낸날 2017년 9월 15일
초판 4쇄 펴낸날 2019년 10월 10일

지은이 야무차 옮긴이 한태준
펴낸이 이건복 펴낸곳 도서출판 동녘

등록 제311-1980-01호 1980년 3월 25일
주소 (10881) 경기도 파주시 회동길 77-26
전화 영업 031-955-3000 편집 031-955-3005 전송 031-955-3009
블로그 www.dongnyok.com 전자우편 editor@dongnyok.com
ISBN 978-89-7297-890-9 03160

• 잘못 만들어진 책은 구입처에서 바꿔 드립니다.
• 책값은 뒤표지에 쓰여 있습니다.
• 이 도서의 국립중앙도서관 출판시도서목록(CIP)은 서지정보유통지원시스템 홈페이지
 (http://seoji.nl.go.kr)와 국가자료공동목록시스템(http://www.nl.go.kr/kolisnet)에서 이용하실 수 있
 습니다. (CIP제어번호: CIP2017019607)

사상 최강의 철학 입문

최강의 진리를 향한 철학 격투

야무차 지음 한태준 옮김

THE SUPER GUIDE TO PHILOSOPHY

동녘

들어가는 말

"철학을 처음 접하는 분이나 철학을 배우려고 했지만 몇 번이나 좌절했던 사람을 위한 입문서가 있으면 좋겠어요. 30명 정도의 철학자를 한 명 한 명 소개하고 가볍게 읽을 수 있는 책이면 어떨까요?"

당초 제 앞으로 온 집필 의뢰는 이런 취지였어요. 우선 저는 이렇게 생각했습니다.

'소개 형식의 입문서라…… 서점의 철학 인문 코너에서 흔히 보는 유행하는 스타일로 말이지. 뚝딱 간단히 쓸 수 있겠지.' 그렇게 생각했던 적이 있었습니다.

하지만 실제로 집필 작업을 해보니 상상과는 전혀 다른 고전의 연속이었습니다. "소크라테스는 몇 년에 어디에서 태어나서 '무지無知의 지知'를 말했다. 그 말은 이러한 의미다……" "데카르트는 '나는 생각한다, 고로 존재한다'고 말했다" 등의 철학 지식을 쉬운 말로 엮어도 왠지 머릿속에 잘 들어오지 않네. 역시 어딘가에서 본 것 같은 가벼운 입문서가 되어버려. 아냐, 이래서는 안 되지. 모처럼 책을 쓸 기회를 얻었는데 지금까지 없었던 '사상 최고의 철학 입문서'를 목표로 써야 하지 않을까! 그럼 어떡해야 좋을까. 지금까지 존재했던 철학 입문서들은 뭐가 부족했을까?

결론을 먼저 말하자면, '바키' 같은 박력이 부족했습니다.

설마 '바키'를 모르는 사람은 없을 거라고 생각하지만, 만일을 위해 설명하자면 '바키'란 《격투맨 바키》★같이 격투기를 소재로 한 일본 인기 만화시리즈의 주인공입니다. '바키' 시리즈는 세계의 일류 격투가들(헤비급 복서, 프로레슬러, 쿵푸 달인, 무에타이 선수 같은)이 도쿄 돔에 모여 최강이란 칭호를 얻기 위해 서로 싸우는 스토리입니다.

최강을 목표로 싸우는 사나이들의 이야기. 그런 뜨거운 전개와 기호를 철학 입문서에 넣는다면 어떨까 생각했습니다. **격투가**와 **철학자**, 이 둘은 얼핏 보면 정반대의 부류로 생각될지도 모르지만, 실은 격투가가 '강함'에 **일생을 건 사람**들인 것처럼 철학자도 누구나 옳다고 인정할 수밖에 없는 **'강한 이론' 추구에 모든 것을 바친 사람들**입니다. 어떤 철학

★ **격투맨 바키** 이타가키 케이스케의 유명한 격투 만화. 폭발적인 인기로 다양한 외전과 속편 등이 나왔다.

자가 강한 이론을 제시해서 사람들을 확 사로잡아 그 이론으로 세계를 석권하고 최강의 칭호를 얻었다고 해도 다른 철학자가 나타나서 그것과 대립되는 더욱 강한 이론을 제시해 이전의 이론을 깨부숩니다. 이러한 흐름은 격투기 만화 전개와 완전히 똑같습니다. 다시 말해 철학사란 앎의 영역에서 강함과 강함이 서로 부딪치고 싸워온 투쟁의 역사입니다.

이것이 제가 착안한 철학 입문서의 콘셉트입니다. 이 책은 '보다 강한 이론을 추구하고 지식을 가지고 싸운 사나이들의 열정적인 이야기'입니다.

철학의 성지, 도쿄 돔 지하 토론장에서 바야흐로 사상 최대의 철학 토론대회가 열린다…! 서른한 명의 위대한 철학자가 지금 이 순간, 대결을 펼친다!

"사상 최고의 '진리'를 알고 싶은가?"

관객들이 함성을 지른다. 철학자가 입장하기 전, 긴장감이 맴도는데…… 과연 승자와 패자가 갈릴 것인가? 지켜보시라!

참가자 1번, 초인이 돼라―**니체** 등장!

진리로 가는 길은 변증법이다! 참가자 2번―**헤겔**!

카리스마는 없어도 현상학은 대단했다―**후설**!

존재의 불변을 알려주마, 참가자 4번―**파르메니데스**!

죽음은 삶의 또 다른 얼굴이다—하이데거!

나는 생각한다 고로 존재한다! 근대철학의 아버지—데카르트!

신의 존재를 이성으로 증명한 위인—토마스 아퀴나스!

상대주의 화술의 대가—프로타고라스!

사고의 혁명을 일으킨 철학계의 코페르니쿠스—칸트!

모든 문화는 저마다 가치가 있다—레비스트로스!

진정한 행복을 가르쳐주마—에피쿠로스!

달인의 질문이 지금 시작된다—소크라테스 선생이다!

설마 이 남자가 올 줄이야! 철인왕—플라톤!

보이지 않는 손이면 다 돼! 열네 번째 참가자—애덤 스미스!

현대언어학의 근본을 세운 언어학의 거인—소쉬르!

닦을 편 어수룩한 철학사가 등장한다 — 헤라클레이토스!

설명 따위 필요 없다! 드디어 등장 — 아리스토텔레스!

실전에서 사용할 수 있으면 그만! 도구주의 철학의 — 듀이!

국가는 강력한 괴물이 되어야 한다 — 홉스!

기독교에서 진리를 발견했다 — 아우구스티누스!

'타자'의 존재를 발견한 남자, 참가번호 21 — 레비나스!

글은 불변의 의미를 지니지 않는다! 해체주의의 — 데리다!

기원전에 원자론을 생각해낸 천재 — 데모크리토스!

네 이웃을 사랑하라 — 구세주 예수!

경험론의 다크호스! 스물다섯 번째로 등장 — 버클리!

과학의 신이라 칭송받는 사나이 — 뉴턴!

생제르맹 거리에서 갈고닦은 실존주의 철학—사르트르!

실존이라면 이 사람을 빼놓을 수 없다—키르케고르!

자본주의는 반드시 끝난다! 공산주의의 요괴—마르크스!

세상 모든 것을 의심한 사나이, 서른 번째 참가자—흄!

마지막 참가자! 인민을 위해 저작을 쓴 혁명가—루소!

이상의 철학자와 철학 격투대회를 진행합니다!

사상최강 철학 연표

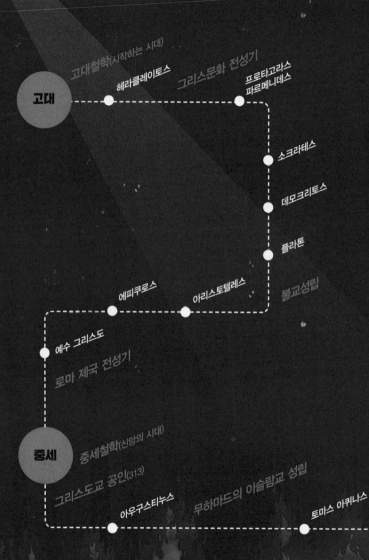

고대

고대철학(시작하는 시대)

헤라클레이토스

그리스문화 전성기

프로타고라스
파르메니데스

소크라테스

데모크리토스

플라톤

에피쿠로스

아리스토텔레스

불교성립

예수 그리스도

로마 제국 전성기

중세

중세철학(신앙의 시대)

그리스도교 공인(313)

아우구스티누스

무하마드의 이슬람교 성립

토마스 아퀴나스

활판
콜럼

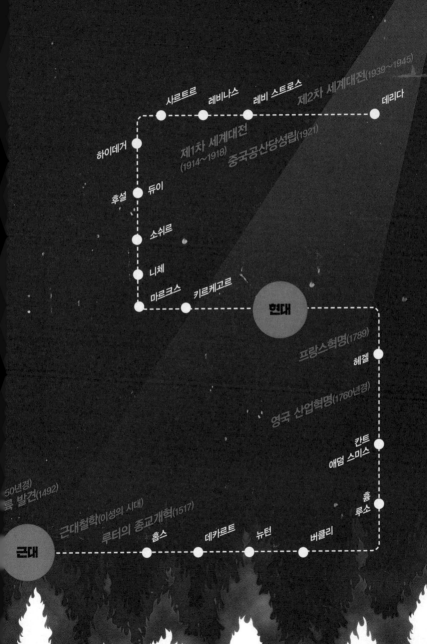

차례

진리의 '진리'

철대적인 진리가 정말 존재할까?

제2라운드

국가의 '진리'

이상적인 국가는 무엇일까?

제3라운드

신의 '진리'

신이 죽었다는 건 어떤 의미일까?

진리의 '진리'

절대적인 진리가 정말 존재할까?

[고대]

상대vs절대
숙명의 배틀

프로타고라스
소크라테스

[근대]

진리를 향한
사나이들의 도전

데카르트
흄
칸트
헤겔

[현대]

진리의 정체가
드디어 밝혀지다!?

키르케고르
사르트르
레비스트로스
듀이
데리다
레비나스

누구나 한 번쯤은 '절대적 진리'를 추구한다. 어떤 사람은 태어나서 바로! 어떤 사람은 혹독한 현실에! 또 어떤 사람은 난해한 학문에 굴복해서! 진리를 붙잡는 것을 포기하고 각자의 길을 걷는다! 하지만 마지막까지 포기하지 않았던 사람들이 있다! 이 지상에서 누구보다도! 누구보다도 진리를 원했던 위대한 바보들! 입장!

흄 vs 칸트

절대적인 진리는 없다

논쟁불패의 상대주의자 **프로타고라스**

필 살 기

상대주의

**귀족처럼 세련된 복장, 우아한 삶, 자신에 가득 찬 교양인으로서
당시 소크라테스 이상의 카리스마를 가져 큰 인기를 떨쳤다.**

▲ 기원전 485년경~기원전 414년경 ▲ 출신지: 그리스

진리란 대체 무엇일까? 절대적인 궁극의 진리가 정말로 있을까?

"절대적인 진리 같은 건 없네! 가치관이란 사람마다 다를세!"

갑작스럽게 앞뒤 다 잘라먹은 결론.

이렇게 절대적 진리를 부정하고 '사람마다 다르다'는 사고방식을 **상대주의**라 한다. 실은 인류가 진리에 관해 처음 철학으로 사유하고 다다른 결론이 이런 무미건조한 상대주의였다.

기원전 아주 먼 옛날, 사람들은 주변에서 일어나는 이해할 수 없는 일 전부를 신화를 통해 설명했다. 요컨대 '잘 모르겠지만 어쨌든 신이 행한 일이야'라는 설명 방식이다. 예를 들어 "천둥은 왜 치는 거지?"라고 물으면 "저 산에 살고 있는 신이 바람 피워서 마누라가 화를 냈기 때문이지"라고 설명하는 거다.

지금 누가 그런 말을 한다면 "그런 말은 아무 도움이 되지 않아, 그냥 지어낸 말이잖아" 하고 웃어넘길지도 모르겠다. 하지만 실제로 신화에 "정말 그럴까?" 하고 의문을 품는 것은 당시로서는 매우 힘든 일이었다. 왜냐하면 아버지, 할아버지, 증조 할아버지까지 선조 대대로 신화를 믿었기 때문이다. 그리고 이런 의문을 품을지도 모를 본인도 어린 시절부터 쭉 신화를 배웠다. 그런 신화에 어떻게 의문을 품을 수 있을까. 결국 당시 신화란 대대손손 이어져 내려온 '공통 이해', 말하자면 '상식' 같은 것이었다.

그렇기 때문에 당시에는 '신화는 거짓이다' 같은 사고방식은 있을 수 없었다. 지금 우리로 비유하자면 '지구는 우주에 두둥실 떠도는 푸른 별'이라는 당연한 모두의 상식이 실은 거짓이었다고 말하는 것과 같다. 신화가 거짓이라면 선조 대대로 우리가 믿은 것은 대체 뭐라고 해야 할까? 그런 일은 있을 수 없다! 절대로 있을 수 없는 일이지!

하지만 머지않아 인류는 신화에 대한 확신이 붕괴되는 사태에 직면한다.

그 계기는 농경이었다. 수렵생활에서 농경생활로 전환된 것이다. 지금까지 사냥을 해서 하루살이를 하던 인류는 농경 덕에 안정된 대량식량을 확보하는 데 성공한다. 식량만 있다면 아이를 많이 낳아 기를 수도 있다. 이렇게 인류는 농경을 계기로 폭발적인 인구 증가를 맞이하고 촌락은 마을로, 마을은 도시로 발전했다. 결국에는 거대한 도시국가(폴리스)까지 형성한다.

그리고 도시국가도 시간이 지남에 따라 점점 더 거대해진다. 그러면 앞으로 어떻게 될까. 최종적으로 점점 거대해진 도시국가의 활동 범위가 먼 지방의 다른 도시국가까지 미쳤다. 즉, 지금까지 결코 만날 일이 없던 사람들이 서로 만나고 교류하게 되는 인류 사상 최초의 사태가 벌어졌다.

그때까지 신화를 믿던 인류에게 놀라운 사실이 드러난다. 바로 각각의 나라에서 믿는 신화의 내용이 전부 다르다는 충격적인 사실이었다.

"천둥은 저 산에 살고 있는 신이 마누라와 싸울 때 생기는 거지."

"뭐! 우리나라에서 천둥은 신이 악마를 무찌르기 위해서 거대한 망치를 휘두를 때 생긴다구!"

"뭐? 잠깐만! 우리나라에서는 내용이 또 다른데!"

이처럼 각각의 나라마다 신화의 내용이 다르다는 것을 모두가 깨닫기 시작했다.

"아니? 혹시 신화라는 건 전부 거짓이 아닐까……?"

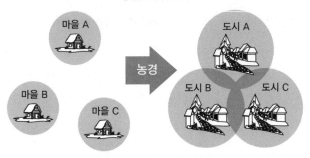

농경 전후의 변화

마을 A

마을 B

마을 C

농경

도시 A

도시 B

도시 C

도시 형성으로 알지 못하는 사람들끼리 교류를 시작했다.

지금까지 자신의 나라에서 절대적으로 옳다고 여긴 이론이나 상식이 그저 거짓 창작물에 불과했다는 것을 알게 됐을 때의 충격을 상상해보라. 그들은 큰 실망에 빠졌다.

이러한 사태는 신화만 겪은 것이 아니었다. 사람들은 '정의란 무엇인가'를 따지는 가치관도, '무엇이 범죄인지'를 묻는 법률도 나라마다 각기 다르다는 점을 깨닫기 시작했다.

예를 들면 어떤 나라에서는 복수가 매우 숭고하고 멋진 일로서 칭찬받아야 할 행위지만, 다른 나라에서는 복수심에 미쳐 사람을 죽인 사람은 그저 살인자로 비난받는다. 완전히 똑같은 행위도 장소에 따라 정의가 되거나 범죄가 되기도 하는 것이다.

이런 차이를 눈앞에서 목격하면 자국에서 절대적이라 생각하던 진리에 대해 누구라도 회의감을 느낄 것이다. 결국 절대적인 진리 따위는 없다고 생각하게 되고, 무엇이 올바른가 하는 문제는 사람이나 장소, 시대에 따라 달라지는 상대적인 것에 불과하다는 상대주의적 결론에 이른다.

인간은 만물의 척도다

'신화'라는 절대적인 가치관이 붕괴된 시대에 상대주의를 대표한 철학자가 **프로타고라스**다.

그는 **"인간은 만물의 척도다"**라고 주장했다.

어떤 컵 속에 당신이 느끼기에 차가운 물이 들어 있다고 하자. 그렇다면 '이 컵에는 차가운 물이 들어 있다'고 단언해도 괜찮은 걸까? 반드시 그렇다고는 할 수 없다. 눈에 둘러싸인 극한지방의 사람이 똑같은 물에 손을 집어넣는다면 "따뜻해"라고 말할 것이기 때문이다. 물의 '차가움/따뜻함' 하나만 봐도 느낌은 사람에 따라 상대적이다. 절대적인 '차가움/따뜻함'을 결정하는 일은 불가능하다.

이처럼 프로타고라스는 '선과 악', '아름다움과 추함'이라는 개념에 관해서도 사람마다 다르고 어느 하나로 결정하는 것은 불가능하다고 주장했다. 이러한 개념은 사람들이 각자 자신의 척도(가치관)로 멋대로 정한 것에 불과하다. 그렇기 때문에 "이것이 옳다!"든지 "네가 하고 있는 것은 나쁜 일이다!"라고 말하는 사람도 어차피 개인의 척도(가치관)를 타인에게 강요하는 것일 뿐이다.

이러한 프로타고라스의 상대주의 철학은 특히 정치가들 사이에서 큰 인기를 얻었다. 프로타고라스가 살던 고대 그리스에서는 광장에 민중을 모아놓고 정치가들끼리 공개토론을 하는 풍습이 있었고, 프로타고라스의 상대주의 철학은 그러한 장소에서 상대방을 설득하기에 매우 유효했기 때문이다.

상대주의를 사용해서 교묘하게 '가치'의 기준을 비틀면 아무리 차가운 물이라 해도 상대적으로 따뜻한 물이라 말할 수 있듯이 어떤 말도 안 되는 주장도 상대화해 훌륭한 주장처럼 보이게 할 수 있었다. 또는 그 반대로 상대방의 어떤 훌륭한 주장도 말도 안 되는 주장으로 보이게 할 수 있다. 예를 들어 '지방의 약소국가를 공격해 멸망시키고 그곳 사람들을 노예로 부려먹고 싶다'는 말도 안 되는 주장도 "문명에서 소외된 불쌍한 미개인을 현명한 우리 그리스 사람이

구해주자!" 하고 울면서 외친다면 참 훌륭한 말처럼 보이게 할 수 있다. 아니면 반대로 상대방이 이와 똑같은 말을 할 때 "어쩜 당신은 그렇게 비인도적인 인간일 수 있지! 상대방을 가족이라 생각한다면 당신은 똑같은 말을 할 수 있을까!" 하고 울면서 호소하면 매우 심한 주장처럼 보이게 할 수 있다.

당시 고대 그리스는 민주주의 국가였기 때문에 정치가들이 선거권을 가진 민중 앞에서 정적에게 설복되어 수치를 겪는 일은 있을 수 없었다. 그렇기 때문에 어떤 주장도 뒤집을 수 있고 흑을 백으로, 백을 흑으로 보이게 하는 프로타고라스의 상대주의 철학은 최강의 토론 테크닉으로서 요긴하게 여겨졌다.

"진정한 토론이 무엇인지 가르쳐주십시오! 프로타고라스 선생님!"

이렇게 많은 정치가들이 프로타고라스에게 상대주의 철학을 배우기 위해 그의 곁에 모이는 사태에 이르렀고, 그 결과 프로타고라스의 수업료는 한 번의 강의로 군함을 살 정도까지 올랐다고 한다.

이러한 배경 덕에 고대 시대에 프로타고라스의 철학이 널리 받아들여졌고, 세간의 풍조는 '사람마다 다르다'는 상대주의 방향으로 흘러갔다.

현대인의 관점에서 보면 옛날 사람들은 미신만 믿어서 융통성이 없고 현대인은 넓은 시야를 가지고 있어서 사물을 상대적으로 볼 수 있다……고 생각하기 쉽다. 그러나 이런 생각은 큰 착각이다. '가치관은 사람마다 다르다'는 상대주의적 사고방식은 인류가 이미 2000년도 훨씬 전 옛날에 이미 경험했다.

ROUND 02

무지의 지知가 진리를 향한 첫걸음

진리를 위해 순교한 최강의 논객 **소크라테스**

필 살 기

무지의 지

아내 크산티페에게 기를 펴지 못하고 "결혼해라. 좋은 아내를 얻으면 행복해질 것이고, 나쁜 아내를 얻으면 철학자가 될 것이다"라는 명언을 남겼다.

▲ 기원전 469년경~기원전 399년 ▲ 출신지: 그리스

프로타고라스의 "절대적인 진리는 없다, 진리는 상대적이다"라는 상대주의 철학은 현대인인 우리에게 매우 공감 가는 사고방식처럼 보일지 모르겠다. 예를 들어 "이것이야말로 절대적 진리다!"라고 주장하는 사람보다도 "사람마다 다르지"라고 말하는 사람이 더 유연해 보이고 시야가 넓어 제대로 된 사고를 가진 사람처럼 보이지 않나.

하지만 '사람마다 다르다'는 상대주의는 난처한 폐해를 낳았다. 사람마다 다르고 절대적인 진리는 없기 때문에 진리 같은 건 목표로 삼지 않아도 된다는 풍조가 만연하고 진리를 추구하는 열렬한 마음을 잃어버린다는 것이다.

원래 절대적인 진리 따위 없다고 해도 역시 우리는 '어떠한 정답'을 발견해야만 한다. 어떻게 살 것인지, 어떻게 죽을 것인지, 국가는 어떻게 되어야 하는지, 왜 일해야 하는지, 이러한 문제를 생각하면서 살아가야만 한다. 게다가 물의 '차가움/따뜻함'은 사람마다 다르기 때문에 절대적으로 결정할 수 없다고 해도, 만약 목욕탕 같은 공동 욕조가 있다면 역시 '최적의 이상적 온도'를 찾아내기 위해 질문해야만 한다. (그리고 어쩌면 세상은 공동 욕조와도 같다.)

하지만 상대주의적 사고를 밀고 나가다 보면 "아무것도 절대적으로 정할 수 없으니까! 적당한 게 좋지 않을까?" 하고 단념하고 평생 생각하는 것을 그만둘 가능성도 있다.

특히 민주주의 국가의 경우에는 더욱 치명적이다. 민주주의에서는 기본적으로 투표라는 '다수결' 원칙이 중시되어야 하지만, 다수결이 유효하게 작동하기 위해서는 사전에 각자의 정의, 가치관, 신념이 서로 충돌하여 논의를 거칠 필요가 있다. 이렇게 해서 처음으로 투표라는 다수결이 '반드시 가야 할 곳으로 가는 것'처럼 기능한다. 하지만 모두가 '정의'나 '규율' 등 자신의 생각을 결정하기 위한 가치관을 가지고 있지 않다면 다수결은 유효하게 작동하지 않는다. 결국에는 모두가 아무 생각 없이 다수결에 참여하기 때문에 언변이 뛰어난 정치가, 다시 말해 '그럴듯하게 말을 치장할 뿐인 선동적인 정치가'의 의견만이 채용된다. 민주주의는 그 장소의 분위기에 따라 일이나 권력자가 결정되는 무책임한 중우정치衆愚政治로 전락한다.

기원전 400년경 고대 그리스, 이 고대 민주주의 국가에서도 이와 같은 일들이 일어나고 있었다.

"국가를 위해! 정의를 위해! 모두의 행복을 위해! 단호한 결의로 발본적 개혁을!"

프로타고라스에게 상대주의 철학을 배운 정치가들은 보여주기식 언행을 잘 구사하여 민중의 인기를 얻는 기술을 충분히 습득했다. 그들은 결코 민중을 향해 진지한 정치 이야기 같은 것은 하려고 하지 않았다. 진지하게 정치를 이야기해서 정치에 관심 없는 민중을 따분하게 만드는 것보다는 단지 듣기 좋은, 내용이 없는 캐치프레이즈★를 반복하는 편이 더 잘 받아들여졌기 때문이다.

게다가 상대 정치가들은 모두 상대주의를 배웠기 때문에 어설프게 "이렇게 해야만 한다!", "이렇게 하자!"같이 구체적으로 정확히 이야기하면 상대적인 가치관에 완전히 반박되어 궁지에 몰린다. 분명한 의견은 피하고 "발본적 혁명을!" 같은 내용 없는 위선적인 문장이나 정적의 험담이라도 말하는 편이 오히려 대중의 흥미를 끌 수 있다. 낙선(무직)의 위험을 짊어지면서까지 진지하게 정치를 이야기한다는 것은 정말 어리석은 짓이었다.

★ **캐치프레이즈** 광고, 선전 따위에서 남의 주의를 끌기 위한 문구나 표어.

최강의 논객

이런 어찌할 수 없는 중우정치 국가에 철퇴를 내리친 사람이 나타난다. 그가 바로 **소크라테스**다. 소크라테스는 자신을 '거대한 말을 귀찮게 하는 등에'라 칭하고 물러터진 정치가들을 혼내주기 위해 그들에게 논쟁을 걸었다.

하지만 상대는 상대주의를 뛰어난 달변으로 구사하는 당시 최강의 논객이었다. 제대로 논의를 펼친다 해도 상대주의 궤변에 휘둘린 채 끝날 것이 불 보듯 뻔했다. 그래서 소크라테스는 어떤 교묘한 방법을 생각해냈다.

그는 우선 바보인척하며 나와서 "지금, 정의라고 말했는데 정의란 무엇입니까?"라는 방식으로 상대방에게 질문했다. 상대방이 "그건 모두의 행복을 말하는 겁니다"라고 대답한다면 "그럼 행복은 무엇입니까?"라고 질문을 계속한다. 이런 논쟁을 반복하면 상대방은 어느새 말문이 막힐 것이다. 그러면 기회를 놓치지 않고 재빠르게 "대답할 수 없다는 것은 당신이 행복을 모른다는 거군요. 모르면서 지금까지 이야기하고 있었군요" 하고 상대방을 완전히 바보로 만들어버린다.

요컨대 계속 질문을 던지는 동안 질문자는 공격하는 쪽이기에 안전하지만 반대로 질문을 받는 쪽은 모순되지 않도록 열심히 답변해야만 하기 때문에 논의가 길게 이어지면 어느새 공격하는 쪽인 질문자(소크라테스)가 유리하게 된다는 이야기다. 이런 식으로 소크라테스는 "○○○은 무엇입니까?"라고 계속 질문을 던져 상대방이 결점을 드러내면 반론을 거는 전법으로 대단한 정치가들을 연달아 논파했다.

소크라테스는 어째서 이런 방식을 택했을까? 스스로도 이야기했지만 그는 정치가에게 싸움을 건 시점부터 조금의 이득도 얻을 수 없었다. 오히려 그들에게 미움만 살 뿐이었다. 그런데도 어째서 그는 이런 반칙 같은 방식으로 정치가들에게 수치심을 줬을까?

소크라테스는 상대주의를 옳다고 보지 않고 인간은 절대적인 가치, 진리라는 '진정한 무언가'를 추구해야만 한다는 강한 신념을 가지고 있었기 때문이다. '가치관은 사람에 따라 다르다'는 표어를 내세워 진정한 무언가를 추구하지 않는 세상, 겉치레뿐인 말로 만족해버린 세상을 그는 허용할 수 없었다. 그리고 어떻게든 무언가 하고 싶었다. 그래서 그는 상대주의 사상에 경도된 세계를 전복하고자 홀로 분투하며 상대주의를 신봉하는 정치가들에게 싸움을 건 것이다.

소크라테스는 이러한 반칙 기술로 상대주의 녀석들을 완전히 제압해버린 후, 마을 사람들에게 이렇게 질문을 던졌다.

"정말로 올바른 것, 진정한 선이란 무엇일까? 뛰어난 정치가들은 그것을 마치 알고 있기라도 한 듯 웅변으로 떠들어댔지만 실은 아무것도 알지 못했네. 물론 나도 전혀 알지 못하네. 그럼 대체 진정한 선이란 무엇이란 말인가?"

여기서 중요한 것은 소크라테스는 소위 뛰어난 지식인들처럼 아는체하며 "이러이러한 것이 진정한 선이다"라고 자기 의견을 강요하듯 이야기하지 않았다는 점이다. 오히려 그는 "나는 진리에 관해 전혀 아는 것이 없다"며 자신의 무지를 드러내고, 함께 진리에 대해 생각해보자며 길 가는 사람들에게 말을 걸었다. 소크라테스가 자신의 무지를 고백했다는 이야기는 현재 '**무지의 지**知'라는 말로 알려져 있고, 학교 교과서에도 나오는 유명한 에피소드다. 종종 이 말을 '소크라테스는 자기 자신의 무지를 알고 있었기 때문에 무지를 자각하지 못한 지식인들보다 현명하다'는 해석으로 기억하는 사람들이 많지만, 결코 이 말을 '모른다는 것을 아는 겸허한 사람은 위대하다'는 멋진 수사법이나 교훈으로 받아들여서는 안 된다. '무지의 지'의 진정한 의미는 소크라테스의 행동원리를 생각하면 명확해진다.

요컨대 그는 오로지 '진리'를 알고 싶었다. 그리고 그것을 알려고 하지 않는 세상에 반항하고 싶었다. 그런 그가 대단한 지식인들의 무지를 폭로하고자 한 이유는 **무지의 자각**이야말로 **진리로 향하는 열정**을 불러일으킨다고 생각했기 때문이다.

당연한 이야기지만 '알고 있다'고 생각하면 '알고 싶다'는 생각이 들지 않는다. '모른다'고 생각하기 때문에 '알고 싶다'고 욕망하게 되는 것이다.

"우선 자신이 아무것도 모른다는 것을 인정하는 것부터 시작해야 하네!"

이것이 소크라테스의 '무지의 지'의 진정한 의도다. 결국 그는 특별히 무지를 자각하고 있는 사신이 위대하다고 겸허함을 자랑하고 싶었던 것은 아니다. 그는 무지를 자각해야만 **'진리를 알고 싶다는 강한 열망'**이 가슴 속에서 끓어오른다고 모두에게 알리고 싶었던 것이다.

그리고 실제로도 소크라테스의 말이 맞지 않은가. 우리는 평소 자신의 무지를 자각하지 못하고 마치 당연한 듯 하루하루를 보내고 있다. 태어나서 처음 말귀를 알아듣게 된 즈음부터 유치원, 초등학교, 대학, 사회라는 정해진 시설을 다니고 그곳에서 정해진 것을 아무런 의문도 없이 묵묵히 받아들였다. 그리고 지친 채 돌아와서 잠깐 동안의 여유를 텔레비전이나 게임으로 보낸 후 자고 일어나서 다시 하루를 시작하는 과정을 늙어 죽을 때까지 반복한다.

하지만 이런 당연한 생활을 구성하는 '세계'에 관해 우리가 대체 무엇을 알고 있다고 말할 수 있을까? 어째서 공간이 존재하고, 지구가 있고, 또 지구에는 돌이나 물 등의 물질이 있을까? 이러한 물질이 존재하지 않아도 전혀 이상하지 않았을 것이다. 원래부터 우주가 '완전한 무無'라 해도 상관없었을 것이다. 아니, 오히려 그 편이 훨씬 자연스러울 정도다. 왜 인위적으로 공간이나 물질 같은 것들이 생겨야 하는 걸까? 인간이라는 존재가 생기고……, 그 존재가 학교에 다니고, 회사에 나가고, 인간관계로 고민한다. 대체 어떻게 된 일일까? 이러한 일상이란 존재 자체가 원래 있을 수 없는 것이 아닌가? 하지만 우리는 엉망에 말도 안 되는 의문투성이 세계와 일상을 명백히 당연한 것으로 받아들이고 특별한 의문 없이 태연하게 살고 있다. 그리고 결국에는 이러한 말까지 꺼낸다.

"아아, 뭔가 좀 더 재밌는 일 없을까."

하지만 소크라테스가 말한 것처럼 자신이 무엇 하나 '진실(진리)'을 알지 못하고 깜깜한 어둠 속에 내팽개쳐진 채, 이유도 모른 채 그저 살고 있다는 무지를 깊이 자각했다면 이런 말은 절대 내뱉지 못할 것이다. 엄청나게 경이로운 일이 눈앞에 펼쳐지고 있는데 그것을 못 보고 지루하게 살아간다니 있을 수 없는 일이다! 무지를 자각할 때야말로 우리는 진정한 의미에서 '알고 싶다'고 염원하게 되는 것은 아닐까? '배우고 싶다'고 생각하게 되는 것은 아닐까?

이러한 소크라테스의 '무지의 지'에 대한 호소는 사람들의 마음을 동요시킬 수밖에 없었다. 특히 그것은 젊은이들의 마음에 강하게 울려 퍼졌다. 소크라테스 덕에 눈을 뜬 젊은이들은 모두 소크라테스의 제자가 되기를 원했다.

그 결과 소크라테스는 일약 유명한 철학자로서 이름을 떨쳤지만, 소크라테스의 명성은 그에게 수모를 당한 정치가들에게 썩 좋은 일은 아니었다. 결국 소크라테스는 정치가들의 미움을 사고 '젊은이를 타락시킨 죄'로 재판에 불려 나가 사형을 선고받았다.

한 일화에 따르면 소크라테스의 사형집행 기간에는 상당한 집행유예가 부여되어 언제라도 그가 마음만 먹으면 도망칠 수 있었다고 한다. 어쩌면 정치가들은 소크라테스가 추하게 도망치는 모습을 민중에게 보여 그를 웃음거리로 만들고 싶었는지도 모른다.

그러나 소크라테스는 도망치지 않았다. 그는 죽음의 공포를 눈앞에 두고도 결코 흔들리지 않는 진리, 즉 진정한 무언가를 추구하는 인간이었기 때문이다.

칼로 목숨을 위협받는다고 해서 주장을 철회한다면 상대주의자들과 같아진다. 자신이 마음속으로 '진정으로 옳다'고 생각해서 한 말을 목숨이 위험하다는 이유로 철회한다면 그 말은 이미 '진정으로 옳은 것'이 아니다. 상황에 따라 하는 말이 바뀐다면 진실이 아니기 때문이다. 그래서 도망치는 것만은 할 수 없었다. 소크라테스는 제자들이 울며 간청하는 것을 마다하고 직접 독배를 손에 들어 한 번에 마셔버렸다.

바로 그 순간이다! 한 인간이 진리라는 이름으로 스스로 목숨을 끊어버린 그 순간, 세상은 상대주의 사상에서 반대 방향으로 천천히 기울어지기 시작했다. 스스로 독을 마신 소크라테스의 행위가 '이 세상에는 목숨을 걸만한 진리가 존재하고 인간은 그 진리를 추구하기 위해서 인생을 던져버리는 강한 삶의 방식이 가능하다는 것'의 확실한 증명이자, 이것이 그 장소에 있던 젊은이들의 가슴 속에 강하게, 깊이 새겨졌기 때문이다.

"진리 따위 사람마다 다르다.""뭐가 올바른지는 그때 그

때마다 달라." "사람마다 다르기 때문에 열 내지 말고 적당히 하면 돼." 이런 풍조의 세상에서 살아온 젊은이들은 진리를 위해서라면 죽음도 마다하지 않는 소크라테스의 삶에 충격을 받았다. 그리고 그들은 소크라테스의 뜻을 이어가기로 결심한다. 그중에는 젊은 날의 철학자 **플라톤**도 있었다. 플라톤은 소크라테스가 추구했던 '진실(진리)', 즉 결코 상대화할 수 없고 절대적으로 진리라고 할 수 있는 이상이 있음을 믿고 그 이상을 추구하는 철학 체계로서 이데아론을 만든다. 그 후 플라톤은 아카데메이아라는 대학의 근원이 되는 교육기관을 만들고 진리를 탐구하는 학생들을 양성하는 일에 생애를 바쳤다.

고등학교나 대학을 다니고, 인생을 바쳐 학문을 배우고 탐구하는 현대의 학생들처럼 지금도 여전히 이어지는 학문적 계보는 소크라테스가 젊은이들의 가슴에 지폈던 '진리를 알고 싶다는 뜨거운 마음'에서 시작됐다.

절대로 의심할 수 없는 확실한 것이란?

근대철학의 위대한 아버지 데카르트

필살기

방법적 회의

어릴 적에는 병약하여 침대에 누워 사색에 빠지는 일이 많았다.
하지만 그는 '세상이라는 위대한 책'을 알기 위해 군에 입대하기도
하고 여행도 떠났다.

▲1596년~1650년 ▲출신지: 프랑스 ▲대표 저서: 《방법서설》

절대적인 진리는 그렇게 간단히 발견되지 않았다. 그동안 역사는 그리스도교가 서양을 지배하는 **중세**시대로 돌입하고 "인간은 이성만으로는 진리에 도달할 수 없습니다. 진리에 도달하기 위해서는 신앙심이 필요합니다"라는 방향으로 사상이 나아갔다.

그러나 그 후 **르네상스**(고대의 영광을 되찾자는 운동)나 **종교개혁**(교회가 면죄부를 팔아서는 안 된다는 운동)이 일어나 교회의 권위가 차례로 약해졌다. 그리고 과학이나 수학 같은 학문이 발전하기 시작하고 인간의 이성을 찬양하는 **근대**시대로 진입했다.

중세에서 근대로의 이행은 다시 말해서 '신앙을 중시하던 시대'에서 '이성을 중시하는 시대'로의 전환을 의미했다. 이를 계기로 인류는 또 다시 이성을 통해 '진리란 무엇인가'라는 질문을 탐구하기 시작했다.

그리고 17세기에 이성의 힘을 통해 절대적인 진리를 손에 넣고자 한 철학자, **데카르트**가 나타났다.

데카르트라고 하면 "나는 생각한다, 고로 존재한다"라는 말로 유명한 철학자지만, 실은 그는 수학자로서도 이름이 알려진 인물이다. 'x축, y축의 2차원 좌표 체계'는 누구라도 한 번쯤 본 적이 있을 것이다. 이 좌표가 데카르트가 고안한 데카르트 좌표 체계다. 수식을 도표나 그래프같이 시각적으로 나타낼 수 있는 좌표 체계라는 발상은 당시로서는 획기적인 발명이었다.

여기서 잠깐 화제를 바꿔 본디 수학이란 무엇인지 알아보자. 매우 간단하게 말하면 수학은 우선 맨 처음에 **공리**라 불리는 **절대적으로 올바른 기초적 명제**를 몇 개 가정하고, 거기에서 논리적인 절차로 **정리**(공리의 조합에서 도출되는 새로운 명제)를 알아가는 학문을 뜻한다.

예를 들어 학교에서 우리가 맨 처음 배우는 평면도형에 관한 학문(유클리드 기하학)에는 '삼각형의 내각의 합은 180도'라는 정리가 있는데, 실은 이 정리는 '평행선은 만나지 않는다'든지 '모든 직각은 똑같다' 등의 매우 간단한 다섯 개의 명제(공리)를 출발점으로 도출된 것이다. 그리고 이러한 '삼각형

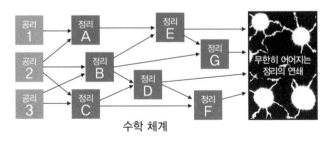

수학 체계

데카르트는 철학도 수학과 같은 절차로 체계화되어야 한다고 생각했다.

내각의 합'의 정리를 바탕으로 다른 정리가 도출된다. 결국 근본에는 반드시 공리가 있으며 모든 정리는 공리를 바탕으로 생겨난다고 할 수 있다. 이는 어떤 수학 체계에서도 똑같고, 아무리 복잡기괴하고 난해한 수학 체계라 해도 공리라는 간단한 몇 가지의 명제에서 만들어진다.

여기서 중요한 것은 수학은 공리를 맨 처음 결정해버리면 그 후에는 '사람에 따라서' 변하는 것이 아니라 누구라도 똑같은 결론에 이르는 한 가지 길로 체계가 발전한다는 점이다. 학창 시절부터 수학을 매우 좋아했던 데카르트는 이러한 수학적 방식이 철학에도 적용될 수 없을까 고민했다.

본디 지금까지의 철학에서는 철학자들이 "나는 이렇게 생각해", "아니, 난 이렇지 않을까 생각해"라며 자기 멋대로 서로 주장할 뿐이었다. 철학자마다 다양한 '○○주의'나 '○○설'을 주장했고, 철학은 수학이나 과학처럼 통일적인 학문으로서는 성립하지 않았다. 하지만 이런 식으로는 철학이 '사람에 따라 다른 제멋대로인 생각' 따위가 되어버릴 뿐이다.

그래서 데카르트는 철학도 수학처럼 **'누구나 올바르다고 인정할 수밖에 없는 확실한 것'**을 우선 **제1원리**(공리)로 설정하고, 논리적인 절차로 결론을 도출함으로써 철학 체계를 만들어야 한다고 생각했다. 그렇게 하면 지금까지 사람마다 달랐던 철학을 누구나 같은 결론에 도달하고 누구나 올바르다고 인정할 수밖에 없는 유일한 궁극의 철학으로 진화시킬 수 있는 것이다!

이러한 데카르트의 생각은 매우 훌륭하고 야심적인 시도였다고 할 수 있다. 그러나 궁극의 철학을 찾기 위해서는 우선 "이것은 틀림없어! 절대적으로 옳아" 하고 만인이 인정할 만한, 공리가 될 제1원리를 발견해야만 한다. 이러한 제1원리를 '진리'라고 바꿔 말해도 좋을 것이다.

그렇다면 공리는 어떻게 찾으면 좋을까? 미리 말해두지만 제1원리를 발견하는 작업은 매우 진중하게 이뤄져야만 한다. 출발점인 제1원리가 틀리면 거기서 도출되는 정리도 틀린 것이 되고 모든 게 수포로 돌아가기 때문이다. 따라서 철학의 기반으로서 제1원리를 설정하는 명제는 '정말로 확실하고 누구나 인정할 수밖에 없는 진리'여야만 한다.

데카르트는 진리에 대해 평생 생각했다. 그가 위대한 점은 '확실하고 올바른 진리'를 직접 찾으려고 한 것이 아니라 우선 모든 것을 의심하는 전략으로 진리를 찾아내려고 한 점이다. 즉, 그는 '아무리 의심해도 의문점을 찾아낼 수 없는 것'이 진리의 조건이라 생각했다.

한 이야기를 예로 들어 '단단해서 절대로 부서질 수 없는 무언가를 찾는 경우를 생각해보자. 자, 어떻게 하면 좋을까? "저 돌은 단단해 보이네. 저기 저 돌은 어떨까?" 하며 하나하나 찾는다면 해결이 나지 않을 것이다. 그때는 이러면 된다. 거대한 폭탄을 가지고 와서 지구를 전부 날려버리면 된다. 그러면 '결코 부서지지 않는 단단한 것'이 마지막에 남을 것이다. 그것만 주우면 끝나는 문제다.

데카르트도 위에서 말한 것과 비슷한 행위를 했다. 그는 "그게 정말로 올바른가? 의심스럽군"이라 말하며 이 세상 모든 것에 의혹의 폭탄을 던졌다.

그는 이 세상에 있는 모든 것을 의심했다. 너무 의심한 나머지 눈앞의 현실조차도 의심했다. 눈앞에 사과가 있다고 치자. 그럼 데카르트는 내 눈앞에 있는 사과가 과연 진실일까 의심했다. 그는 실은 꿈을 꾸고 있을 뿐이고, 사과 따위는 존재하지 않을지도 모른다고 생각했다. 이렇게 되면 무엇을 봐도 그것이 진실이라는 보장은 없다.

그렇다면 수학이나 논리는 어떨까? 이런 것은 누구나 올바르다고 생각할 수밖에 없을까? 아니, 수학이나 논리를 의심하는 것도 가능하다. 왜냐하면 우리는 꿈을 꾸고 있을 때 논리적으로 이상한 일이 일어나도 눈치채지 못하기 때문이다. 따라서 수학이나 논리가 올바르다고 생각하는 것도 그저 착각일지 모른다. 이렇게 생각하면 수학이나 논리도 확실히 올바르다고 말할 수 없다.

이렇게까지 의심해버리면 이제는 올바르다고 할 수 있는 것이 아무것도 없는 것처럼 느껴진다……. 하지만 그럼에도 데카르트는 더욱 의혹을 증폭시켰다! 심지어 그는 '악의에 찬 악령'이라는 존재까지 가정하기 시작했다. 이 악령은 인간에게 환영으로 보이고 악의 있는 조소를 보내는 초자연적 존재다. 이런 존재까지 언급된다면 "알겠어, 이러이러한 것이 진리야"라고 무슨 말을 한들 "아니야, 악령이 그렇게 믿게 만든 것인지도 몰라"라며 얼마든지 의심할 수 있는 것이 아닌가. 솔직히 말해서 의심이 너무 심하다!

명백한 의심의 과잉. 그런데도 데카르트는 철저히 의심을 이어갔다. 그럴 때의 그는 틀림없이 '세계 제일의 진리를 추구하고 세계 제일의 진리를 의심한 철학자'였다. 그렇게까지 철저하게 의심한다면 과학도 논리도 수학도, 그 무엇도 살아남지 못할 것이다. 완전한 폭거. 하지만 의심의 과잉이라는 폭거가 기적을 만들어낸다!

어느 날 아침저녁 없이 오로지 의심만을 이어가던 데카르트에게 갑자기 하늘의 계시 같은 생각이 떠오른다.

"우리의 인식은 모두 거짓일지 모른다……. 그리고 모든 것을 의심하는 일이 생긴다……. 하지만 이 세상의 모든 것을 의심한다 해도 그것을 '의심하는 내'가 존재한다는 것만은 '의심할 수 없는' 사실이지 않은가! 만약 '의심하는 나'의 존재를 의심한다고 해도, 역시 '의심하는 내'가 있다는 것은 사실이기 때문이야!"

모든 것이 꿈(허위)이었다 해도, 그 꿈을 꾸면서 이것이 꿈은 아닐까 의심하는 자신이 존재한다는 그 사실 자체는 결코 의심할 수 없다. 환영으로 보이는 악령도 처음부터 '환영을 보는 행위'가 존재하지 않았다면 환영으로 보일 방법이 없었을 것이다. 결국 어떤 의혹에도 끄떡없는 것, 그것은 바로 '의심하고 있는 자기 자신'이다!

"나는 생각한다, 고로 존재한다."

모든 것이 거짓이라 해도 그것이 거짓이 아닐까 '내(자신)가 생각하는' 이상, '내(자신)가 존재하는 것'은 절대적으로 확실하다.
이렇게 데카르트는 철학의 기반이 되는 '절대적으로 의심할 수 없는 진리'를 도출한다.

신도 과학도 신념에 불과하다

모든 것을 의심한 과격한 철학자 흄

필살기

회의론

**11세에 에든버러 대학에 입학했지만,
2년 만에 중퇴하고 자택에서 철학연구에 몰두했다.
말년에는 대사비서나 국무차관 등도 역임했다.**

▲1711년~1776년 ▲출신지: 영국 ▲대표 저서: 《인간본성론》

데카르트는 '의심하는 내가 존재하는 것'을 절대적 진리로서 철학의 제1원리로 삼았다. 하지만 정말로 중요한 것은 그런 원리에서 어떤 철학 체계가 구축되느냐 하는 것이다. 다시 말해 "의심하는 나의 존재는 확실하다. 이상, 철학 끝!"이란 설명뿐인 철학 체계라면 아무런 의미가 없다.

물론 데카르트도 "나는 생각한다, 고로 존재한다"만 말한 것이 아니라 이러한 생각을 제1원리로 뒀을 때 어떤 철학이 생겨날지 그 다음도 충분히 서술한다. 그는 제1원리에 근거한 사색을 진행한 결과 이러한 결론을 도출했다.

"나의 존재가 확실하기 때문에 내가 명석하게 이해하고 인식한다는 것도 확실히 존재하네."

아니다, 섣불리 결론을 내기엔 아직 이르다. 앞서 데카르트는 모든 것을 철저하게 의심했다. 그런데 '나의 존재는 확실'하다는 제1원리를 손에 넣은 후에는 갑자기 의심을 멈춰버린 듯 보인다. 아니, 오히려 데카르트는 '나'의 인식이 올바르다는 근거로 마침내는 신까지 거론하기 시작했다.

"왜 나의 인식이 올바를까. 신이 나를 만들었기 때문이지. 신이 만들었기 때문에 나의 인식은 정확한 게 분명해."

　현대에 와서 이러한 데카르트의 논의에 설득력을 느끼는 사람은 그다지 없을 것이다. 데카르트의 첫걸음은 대단하고 훌륭했지만, 마치 그 첫걸음에 힘을 다 써버린 것처럼 이후의 전개는 치밀하지 못했다.

　당연히 데카르트의 철학은 많은 비판을 받았다. 그리고 그 비판에서 새로운 철학들이 생겨나기 시작했다. 원래 데카르트는 철학을 하나로 통일하기 위해 힘을 썼지만, 철학은 그런 생각과는 정반대로 흘러갔다.

　데카르트를 비판하면서 생긴 철학 체계 중 하나로 **영국 경험론**이라 불리는 사조가 있다. 요약하면 경험론이란 '사람 안에서 떠오르는 지식이나 관념은 모두 경험에서 온 것에 불과하다'는 사고방식이다. 그리고 **흄**이야말로 경험론을 완성했다고 해도 과언이 아닌 영국 경험론의 최종 병기다.

　흄은 "의심하는 나의 존재는 확실하다"라는 데카르트의 진리에 다음과 같이 반론했다.

　"분명 의심하는 나의 존재는 확실할지 몰라. 하지만 '나'란 대체 무엇이란 말인가? 데카르트의 '내가 있음'이란 표현은 마치 내가 육체에서 떨어진 혼이나 영 같은 정신적 실체로서 존재하는 것처럼 들리지만, 원래 '나'라는 존재는 '다양한 지각의 집합'에 불과해. 결국 '나'란 존재는 어떤 때는 쾌적하고 또 어떤 때는 아픈, 연쇄적으로 나타나는 지각(경험)이 지속됨에 따라 생겨나는 유사적 감각에 불과하지."

이러한 반론 때문에 데카르트가 확실한 진리라고 말한 '내(자신)가 있음'이란 의미의 범위는 위태로울 지경까지 협소해졌다. 데카르트가 확실히 '있다'고 말한 '나(자신)'의 정체는 사실 '경험(지속적 감각을 만들어내는 아픔 등의 지각체험)'에 불과하다고 흄은 주장한다. 게다가 흄은 "내가 명석하게 인식한다는 사실은 확실히 존재한다"는 데카르트의 논의에도 이의를 제기한다.

"'○○을 명석하게 인식했다. ○○이라는 것은 이러한 것이다'라는 나의 생각은 모두 경험하면서 형성되지만, 이런 생각이 진짜 현실과 일치하는지 여부는 알 수 없네."

신에 대한 회의

실제로 우리는 착각이나 실수를 자주 한다. 그 때문에 어떤 경험을 하든 그러한 경험이 '현실 세계와 정말로 일치하는지'는 알 수가 없다.

여기부터 흄의 진면목이 드러난다. 그는 "모든 인식이나 개념은 경험에서 유래하고 그 경험과 현실세계가 일치하는지에 대한 보장은 어디에도 없다"는 회의적인 시선을 '신', 그리고 '과학'으로 돌리기 시작했다.

그때까지의 철학자들에게 신에 대한 회의는 일종의 터부였다. 그렇게까지 의혹을 철저하게 진행한 데카르트조차 신만은 특별하게 취급하고 자기 의견의 타당한 근거로서 신을 언급할 정도였다.

이렇게 '신을 특별취급'하는 것은 (흄을 제외한) 경험론 철학자들 역시 똑같았다. 기본적으로 그들의 철학은 인간이 생각하는 지식이나 관념은 모두 경험에서 유래한다는 것을 전제로 하지만, "그럼 신은?"이란 질문에는 "신은 달라. 신은 경험에서 유래하지 않아"라고 설명했다. 이러한 사고방식은 예를 들자면 이런 것과 같았다.

"인간은 '완전'한 존재인 신이 있다는 것을 알고 있어. 하지만 인간은 '불완전'한 존재이기 때문에 본래 '완전'한 존재인 신을 경험하거나 아는 일은 있을 수 없지. 그럼 어째서 인간은 신을 알고 있는 걸까? 바로 인간에게 신은 경험에서 유래하지 않는 유일한 존재이기 때문이야!"

결국 경험론이라는 현실적이고 합리적인 입장의 철학 체계조차 신을 부정하는 불경한 말은 절대 하지 않았다. 하지만 이런 환경에서 흄이 최초로 신에게 "NO!"를 외쳤다. 우선 그는 현실에는 존재하지 않는 관념, 다시 말해 상상의 산물은 모두 과거 경험의 조합으로 만들어진 것이라 생각했다. 예를 들어 페가수스는 현실 세계에는 존재하지 않는다. 그 때문에 누구도 페가수스를 경험할 수 없다. 하지만 지금 당장 우리는 페가수스를 머릿속에 떠올릴 수 있고 페가수스라는 말을 전혀 몰라도 그와 비슷한 생물을 상상할 가능성은 충분히 있다. 왜 우리가 현실에 존재하지 않는 페가수스를 떠올릴 수 있느냐고 한다면, 페가수스는 단순히 과거에 봐서 알고 있던 '말'과 '날개'를 조합한 관념에 불과하기 때문이다.

흄은 이러한 과거에 겪었던 경험들의 조합에서 생겨난, 현실에는 존재하지 않는 관념을 '복합관념'이라 불렀다. 인간의 상상력은 이런 복합관념(유한 경험들의 조합)의 범위에 머물러 있다고 생각했다. 그리고 그는 신이라는 관념도 페가수스처럼 복합관념의 하나에 불과하다고 주장했다. 우리는 신 자체를 경험한 적은 없지만 '자신을 지켜봐주는 누군가', '절대로 거역할 수 없는 지배자' 등의 관념이라면 유아기 때 부모를 통해 경험했고 알고 있다. 그렇기 때문에 인간이 떠올리는 신이란 앞서 말한 경험이 조합된 복합관념이라 생각할 수 있고, 이러한 생각은 매우 합리적이다. 그래서 흄은 "신은 인간의 경험에서 유래한 관념적 상상물에 불과한 것"이라 명확히 말했다.

더욱이 흄은 회의라는 칼을 '과학'에까지 들이댄다. 그는 과학 법칙도 경험상의 산물에 불과하며, 현실 세계와 정확히 일치하는지 여부는 알 수 없다고 주장했다. 이러한 주장은 과학에 익숙한 우리 현대인의 입장에서 보면 황당한 주장이고 틀린 생각처럼 보일지도 모르겠다. 하지만 흄의 주장은 어디까지나 합리적이고 설득력이 있다.

예를 들어 우리는 '불은 뜨겁다'는 사실을 절대적이고 확실한 과학 법칙이라 생각한다. 하지만 흄의 입장에서는 '불을 만지니 뜨거웠다'는 경험이 반복된 결과 '불 → 뜨거움'이라는 인과관계가 있을 것이라고 사람들이 멋대로 믿어버린 것에 불과하다. 그리고 인과관계가 정말로 존재하는지 여부는 인간이 알 수 없는 영역이다. 불이 뜨겁다는 경험이 있었다고 해서 실제로 '불'과 '뜨거움' 사이에 어떠한 인과관계가 있는지는 아무도 모르기 때문이다.

인류가 불을 만지고 백억 번이나 화상을 입었다고 해서 그다음 백억 한 번째에도 똑같은 일이 일어난다는 보장은 어디에도 없다. 어쩌면 장난꾸러기 요정이 있어서 인간이 불을 만질 때마다 그 요정이 뜨겁게 만들어주는 것뿐인지도 모른다! 그 요정을 잡아버리면 불이 손에 닿아도 더 이상 뜨겁게 느껴지지 않을지도 모른다. 이런 가정에서 요정이라는 환상적인 존재가 마음에 들지 않는다면 과학이론다운 이야기로 바꿔보자. '요정'을 '미지의 물리현상 X'로 바꿔 불러도 좋다. 열의 원인은 사실 불이 아니라 '미지의 물리현상 X'일 수도 있다.

물리현상 X는 우연히 불과 함께 일어나는 경우가 많을 뿐이고 이 물리현상이 사라지면 불은 전혀 뜨겁지 않게 된다. 그렇기에 인류가 불에 관해서 조사하고 그 안에 존재하는 열량의 관계성을 아무리 열심히 설명해보려 해도 결국 인간은 진정한 열의 원인을 알 수가 없다. 즉, 인간은 '어떤 상태 A가

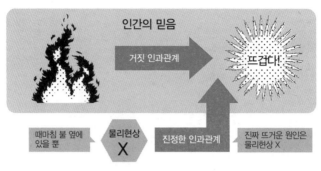

'뜨거움'의 원인은 정말로 '불' 때문인 걸까?

되었을 때, 어떤 상태 B가 일어난다'는 경험을 반복하면서 그러한 현상(상태 A → 상태 B)이 반드시 일어나는 법칙이 우주에 있다고 믿는 것에 불과하다. 바꿔 말하면 과학이라는 학문은 경험 위에서 생겨난 믿음을 절대화한 것에 불과하다.

흄은 이처럼 의문을 가지고 '자아(나)', '신', '과학'의 절대성을 용서 없이 부정하고 파괴했다. 이 희대의 의문 전문가의 활약으로 서양 철학의 경험론이 완성됐고 하나의 정점에 이르렀다. (다만 흄과 매우 닮은 철학은 인도에서 고타마 싯다르타, 즉 붓다가 이미 생각했고 동양철학이 2500년 전에 이미 거쳐 간 과정이다.)

세계의 진정한 모습은 알 수 없다

진리를 뒤집은 고고한 사나이 **칸트**

필 살 기

비판철학

매우 규칙적인 생활을 한 것으로 유명하다. 이웃들이 그가 산보하는 모습을 보고 시계의 시간을 맞췄을 정도였다고 한다. 연애에 관심을 두지 않고 평생 독신으로 살았다.

▲1724년~1804년 ▲출신지: 독일 ▲대표 저서: 《순수이성비판》

흄의 회의론은 정말로 철저했다. 모든 것에 철저하게 임한 점은 굉장하다. 그때까지 의심하는 것 자체가 터부였던 신도 회의적인 시각으로 바라보고, 게다가 과학과 인과율마저 의심할 정도로 철저함을 보인 흄의 회의론은 확실히 대단했다.

하지만 의문을 품는 것만으로는 아무것도 이루어지지 않는다. 정말로 중요한 것은 그런 의문에서 '의심을 품을 수 없는 무언가'를 발견하는 것이다. 다시 말해 데카르트처럼 철저하게 의심을 하면서도 의심을 뿌리칠만한 '강한 생각'을 발견하는 것이 중요하다.

흄의 회의론을 정면으로 받아 극복할 진리를 발견하는 위업을 이룩한 사람이 독일 철학자 **칸트**다.

칸트는 원래 데카르트처럼 이성을 신봉하는 합리주의자로서 인간은 이성을 충분히 이용하면 진리에 도달할 수 있을 것이라 소박하게 생각했다. 하지만 그는 흄의 철학을 접하고 충격을 받는다. 흄의 뛰어난 회의론은 그가 가지고 있던 철학자로서의 얄팍한 생각을 깨닫게 만들었다. 칸트는 흄이라는 강적을 피하지 않고 그의 회의론에 맞서기로 결심한다.

본디 흄의 주장은 "모든 지식이나 관념은 인간이 경험해서 만들어낸 것에 불과하다"는 내용이다. 매우 설득력 있는 이야기처럼 들린다. 하지만 칸트는 이 생각에 아래와 같은 의문을 가졌다.

"그렇다면 어째서 수학이나 논리학같이 많은 사람들 사이에서 통하는 학문이 존재할 수 있는 거지?"

모든 지식이나 관념이 인간의 경험에 근거한 것이라면……, 사람마다 각기 다른 학문 체계가 존재해도 이상하지 않을 것이다. 완전히 똑같은 경험을 한다는 것은 불가능하기 때문이다. 실제로 사람들은 전혀 다른 경험을 하며 살아가지만, 시간이 지나면 똑같은 결론에 도달하는 기하학, 수학, 논리학 등도 존재한다.

칸트는 이 생각에 흄의 회의론을 극복할 열쇠가 있다고 생각했다. 그리고 그는 다음과 같은 결론에 도달한다.

"분명히 흄이 말한 대로 인간은 경험에서 지식을 얻지. 하지만 이런 경험을 이해하는 방식에는 '인간'으로서 '특유의 형식'이 있고, 이 특유의 형식이야말로 경험에 좌우되지 않는 '선천적인(타고난)' 거야."

사람은 태어나면서부터 다양한 경험을 겪는다. 어떤 사람은 사과를 먹고, 또 어떤 사람은 멜론을 먹는 식으로 사람마다 전혀 다른 경험을 하면서 살아간다. 칸트는 "경험 내용의 차이에도 불구하고 사람 사이에 공통되는 것은 무엇일까?"라고 질문을 던졌다. 그 결과 칸트는 인간은 무언가를 볼 때 반드시 '공간적, 시간적'으로 본다는 경험의 방식에 '공통의 형식'이 있음을 발견한다.

이 '공통의 형식'에 관해 좀 더 설명을 해보자. 예를 들어 우리는 사과, 멜론 상관없이 무언가를 보는 경험을 할 때 반드시 '어떤 공간의, 어떤 시간의 것'으로 바라본다. 바꿔 말하면 우리는 '어떤 공간에도 없는 사과' 또는 '어떤 시간에도 없는 사과'라는 것은 경험할 수 없음을 의미한다. 다시 말해 우리에게 '공간상의 장소를 점하지 않은 사과', '시간상(과거─현재─미래)의 어떤 시각에도 존재하지 않는 사과'라는 것은 있을 수 없다. 그리고 이런 사실은 A씨든 B씨든 어떤 나라의 사람에게나 똑같이 공통된다.

그렇다면 왜 똑같을까? 왜 우리는 '공간적, 시간적'으로 사물을 경험할까? 단적으로 말하면 우리는 그렇게 작동하는 뇌를 가지고 태어났기 때문이다. 즉, 우리의 뇌는 구조상 신경을 통해서 전달되는 자극을 공간적, 시간적인 정보로서 해석하도록 이루어져 있다. 그리고 이러한 뇌의 구조나 장치는 인간이라는 종으로서 타고난 선천적인 것이다.

결국 뇌의 구조로 인해 결정되는 경험을 받아들이는 형식은 사람마다 지닌 경험 내용의 차이를 넘어 인간이 태어나면서부터 지닌 선척적인 것이라 할 수 있다. 즉, 우리는 어떤 경험이든 반드시 공간적, 시간적으로 경험한다는 '인류 공통의 형식'을 공유한다.

칸트는 이처럼 사람들이 타고난 공통의 형식으로 사물을 경험하기 때문에 수학 등의 '인류가 공유 가능한 학문'이 성립한다고 생각했다. 그리고 이런 생각이야말로,

"인간의 관념은 모두 경험에 근거하고 경험은 사람마다 다르기 때문에 인류가 공유 가능한 절대적인 관념 같은 건 있을 수 없어."

라는 경험론의 회의를 넘어서,

"아니야, 그렇지 않아. 경험 내용은 사람마다 다르지만 경험을 받아들이는 방식에는 인류 공통의 일정한 형식이 있어. 즉, 이러한 공통의 형식에 근거한 범위 안에서는 모두 '그렇구나' 하고 합의할 수 있는 관념이 만들어질 수 있다는 거지. 따라서 인간으로서 보편적인 진리, 학문을 세우는 것은 가능해."

라고 진리의 존재를 주장했다.

여기서 칸트가 위대한 점은 스스로의 주장에서 냉정하게 진리의 범위를 한정한 점이다. 칸트는 "진리는 구축 가능하다"라고 말한 다음 덧붙여 이렇게 설명한다.

"그렇지만 그건 어디까지나 '인간이라는 종'에 한해서만 진리라는 뜻이네."

칸트는 경험이 사람마다 다르기 때문에 인간 공통의 보편적인 관념(진리) 따위는 없다는 경험론의 주장에 "인간 공통의 경험 형식이 있기 때문에 인간 공통의 보편적 관념(진리)은 존재한다"라고 반론했다. 이는 바꿔 말하면, '공통의 경험 형식'을 가지고 있지 않은 다른 생물(다른 종족, 우주인, 괴물)과는 진리를 공유할 수 없음을 의미한다.

인간의 진리

어떤 생물이 있다고 가정해보자. 그것은 전혀 이동할 수도 없고 그저 위에서 떨어지는 음식물을 기다릴 뿐인 말미잘

일차원에서 사는 말미잘 생물

같은 생물이다. 이 생물은 이동할 수 없고 생존에 필요한 식량은 항상 하나의 방향(위 방향)에서만 얻기 때문에 방향을 지각하는 감각기관을 지닐 필요가 없다. 그리고 방향 감각(경험)을 지니고 있지 않기 때문에 인간처럼 사물을 삼차원 공간에 있는 무언가로는 파악할 수 없을 것이다.

본래 이 생물에게 '사물'이란 '먹이'와 같은 것이지만, 그것이 감지할 수 있는 것은 그 먹이가 '어느 시기에 어떤 맛이고 어느 정도의 양이 올 것인지'뿐이다. 그렇다면 말미잘은 사물(먹이)을 '시간, 성분, 양'이라는 세 가지 형식으로 파악하고 있는 것이다. 그러니까 사물을 '시간에 따라 변화하는 색'으로 파악하고 있을지도 모른다. 성분은 '색의 종류(빨강은 유해한 성분, 파랑은 유익한 성분)'로, 양은 '색의 농도(진한 것은 많고 옅은 것은 적음)'라는 형식으로 인식하고 있다는 뜻이다.

요약하면 각각의 생물은 생물 고유의 감각기관에 따른 방식으로 세계(사물)를 파악하고 있으며, 말미잘 생물은 '시간에 따라 색이 생기거나 없어지는 일차원의 우주'에 살고 있다는 것이다.

물론 인간의 입장에서 보면 이런 말미잘 생물의 세계관은 가소로울 것이다. "저 생물은 우주의 진정한 모습을 전혀 알지 못해. 말캉대고 괴상한 모습인 저것은 삼차원 공간의 우주에 살고 있는데도 말야" 하고 참견하고 싶어진다.

하지만 실제로는 우리도 저 말미잘과 똑같은 상황에 있을지도 모른다! 인간과는 다른 감각기관을 지닌 생물, 또는 인간의 감각기관으로는 알 수 없는 범위의 세계에 살고 있는 생물이 존재한다면 말미잘과 인간의 관계에 그대로 적용될 수 있다. 인간이 보고 있는 세계도 결국 '인간으로서 바라보는 세계'이고 겨우 일부분에 불과하기 때문에 인간의 감각기관 바깥에는 전혀 다른 세계가 펼쳐져 있을지도 모른다. 그리고 다른 세계를 살고 있는 '생물 X'는 "저 인간이라는 말캉대고 괴상한 생물은 우주의 진정한 모습을 전혀 알지 못해. 우주가 삼차원 공간이라고? 하하하하, 그렇게 단순할 리 없잖아" 하며 우리를 비웃을지도 모를 일이다.

그렇다면 우리는 어떻게 해야 '세상의 진정한 모습'을 알수 있을까?

물자체

칸트의 의견에 따르면 우리가 세상의 진정한 모습을 아는 일은 불가능하다. 인간은 절대로 '세상의 진정한 모습'을 알 수 없다. 칸트는 그런 사실을 이렇게 표현했다.

 "인간은 물자체物自體에 도달할 수 없네."

여기서 칸트가 말하는 물자체는 생물(인간) 고유의 형식을 통해 경험되기 전 '진정한 세계'의 사물을 말한다. 옆에 나온 그림처럼 원래 우리가 지각해서 존재한다고 믿는 사과나 멜론 같은 사물은 '지각(경험)되기 전의 세계'에서 생물 고유의 형식으로 변환되어 반영된 사물에 불과하다. 따라서 인간과 말미잘은 경험하는 형식이 서로 다르기 때문에 같은 대상을 지각해도 각자 전혀 다른 사물로 인식하는 것이다.
  이때 양자가 각자 바라보는 사물의 '진정한 모습', 다시 말

진짜 세계
(물자체)

말미잘의 세계상

생물 고유의 형식으로
변환되기 전

인간의 세계상

생물 고유의 형식으로
변환된 후

양 측이 각자 바라보고 있는 진정한 세계(물자체)는 알 수 없다.

해 '경험 형식에 따라 변환되기 전 물자체의 모습'이 어떤 것
인지 물어봐도 인간과 말미잘 둘 다 명확한 답을 할 수 없다.
물자체란 경험되기 전 상태의 사물이기 때문에 그 물자체를
안다(경험한다)는 것은 정의부터 모순되며 원리적으로 불가
능하다. 그렇기 때문에 인간도 말미잘도 물자체에 결코 도달
할 수 없고, 자신들의 형식에 따라 변환되기 전의 '세상의 진
정한 모습'을 아는 것도 불가능하다.

　하지만 칸트는 물자체의 모습은 전혀 상관없다고 생각했
다. 모르는 것은 알 수 없기 때문에 이러쿵저러쿵 이야기해봤
자 소용없다. 원리적으로 알 수 없다는 결론이 나온 이상 그

문제에 관해서 무슨 말을 해봤자 전부 가설에 불과하다.

칸트는 '알 수 없는 진정한 세계(피안 세계)'의 일은 잊어버리고 '인간의 형식으로 변환된 세계(현실 세계)'만으로 한정해 연구를 진행해야 한다고 주장했다. 즉, 말미잘은 말미잘이 보는 세계의 범위에서, 인간은 인간이 보는 세계의 범위에서 각자 세계의 진리를 탐구하면 된다는 이야기다.

애초에 말미잘에게 "아니야, 세상은 너희들이 생각하는 것과는 달라. 이 세상은 사실 삼차원 공간으로 되어 있어"라고 말해봤자 어떤 의미가 생길까? "우주는 가로, 세로, 높이 세 가지로 구성되어 있어"라고 인간 세상의 이야기를 전달해도 말미잘은 "높이가 뭐야! 의미를 모르겠어!"라고 생각할 것이다. 우리도 다른 세계를 살고 있는 생물이기 때문에 말미잘이 "저기 말야, 우주는 사실 무게, 무가, 모게, 요게, 모고로 구성되어 있어"라고 말한다고 해도 무슨 말인지 도통 이해하지 못할 것이다. 진실(진리)을 타자에게 강요당해도 자신의 형식과 다른 진실, 자신이 전혀 알 수 없는 진실이 있다면 어떤 의미도 전달되지 못한다.

결국 인간은 '인간이 바라보는 세상', '인간에게 진리인 진리'에만 도달할 수 있다. 그리고 인간이 도달 가능한 진리야말로 '진리'라고 부를 수 있는 유일한 것이다(왜냐하면 그 외의

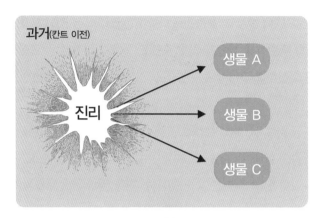

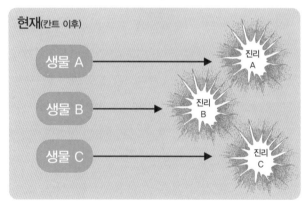

칸트가 말한 진리의 '코페르니쿠스적 전회轉回'★

★ **코페르니쿠스적 전회** 칸트가 자신의 업적을 지칭한 말로, 기존의 천동설을 깨고 지동설을 주장한 코페르니쿠스의 사상처럼 자신이 설파한 인식론이 매우 획기적이라는 것을 의미한다.

'도달 불가능한 진리' 같은 것은 아무 의미도 없고 진리라고 부를 수 없기 때문이다). 칸트가 가장 위대한 점은 이러한 진리의 상태를 인지하고 다음과 같이 진리를 새롭게 정의한 것이다.

"진리는 인간이 규정했네."

이러한 결론은 진리가 인간의 상위 존재이자 살아 있는 모든 것에 골고루 통하는 보편적인 것이라는 지금까지의 상식을 뒤집는 사상이었다. 즉, 칸트는 진리와 인간의 입장을 역전시켰다. 칸트의 주장은 '보편적 진리'를 추구하던 당시 철학자들에게 엄청난 충격을 줬다. 그리고 칸트의 주장을 계기로 철학은 '인간의 지혜를 뛰어넘는 진리'를 추구하는 낭만적 방향에서 '인간에게 진리인 진리(인류라는 형식에 성립하는 바른 사고방식)'를 추구하는 현실적 방향으로 변해갔다. 인류의 진리 탐구 여정은 칸트의 등장으로 전환기를 맞이한다.

투쟁이야말로 진리에 도달하는 방법이다

서양 근대철학의 완성가 헤겔

필 살 기

변증법

카리스마 넘치는 교수로 제자가 많았다. 사후 헤겔 철학과 기독교의 융합을 꾀하는 '우파'와 신을 부정하는 '좌파'로 분열됐다.

▲1770년~1831년 ▲출신지: 독일 ▲대표 저서: 《정신현상학》

칸트의 영향으로 인간에게는 '인간만의 진리'가 있다는 것을 알았다. 그러나 사실 칸트는 진리의 존재를 명확히 했을 뿐, 어떻게 해야 그 진리에 도달할 수 있는지는 설명하지 않았다. 이래서는 마치 목적지가 있는 건 알았지만 가는 방법은 모르는 상황이다. 도대체 어떻게 해야 인간은 목적지(진리)에 다다를 수 있을까?

그때 이렇게 하면 진리에 이를 수 있다고 '진리 도달 방법'을 구체적으로 제시한 철학자가 나타났다. 근대철학을 완성했다고 평가받는 대철학자 **헤겔**이다.

헤겔은 진리란 어느 날 어떤 천재가 "우하하! 나는 진리를 이해했어!" 하고 갑자기 발견하는 천박한 것이 아니라, **변증법**이라는 수단을 통해 많은 사람의 손과 오랜 시간에 걸쳐 조금씩 형태를 만들어가는 것이라 주장했다.

그럼 변증법이란 무엇일까? 간단히 설명하면 '대립하는 생각이 서로 부딪치고 투쟁함으로써 사물을 발전시키는 방식'을 의미한다. 예를 들어 어떤 사람이 "여기에 원이 있어"라고 말했다고 치자. 그 사람 입장에서는 둥근 것이 보이는 명확한 체험이 있었기 때문에 그것을 절대적인 진리라고 믿고 싶을 것이다. 하지만 그때 "뭐? 무슨 소리 하는 거야? 사각이잖아!"라고 주장하는 사람이 나타난다. 물론 둥글다고 본 사람은 "아니야, 그럴 리가 없어! 아무리 봐도 원이잖아! 반드시 원이 진리야!"라고 강하게 반론할 것이다. 실제로 둥글게 보이기 때문에 그 사람의 행동은 당연한 결과다. 하지만 이러한 입장은 상대방도 똑같다. 상대방도 "아니야, 다르다고! 사각이잖아! 둥글 리가 없어! 무조건 내 말이 맞아!"라고 반론을 펼친다……. 자, 이제 어떻게 하면 좋을까?

"자, 기분을 가라앉혀. 사람마다 보는 관점이 다르니까 상관없잖아"라고 누군가 덤덤하게 말하면 그 자리에서 끝날 문제지만 그래서는 결국 해결되는 것은 아무것도 없다. 이럴 때는 대립을 두려워하지 말고 서로의 생각을 철저하게 맞부

진리 A와 진리 B의 대립을 변증법으로 초월할 수 있다.

딪쳐서 토론하는 편이 좋다. 그로 인해 지금까지 깨닫지 못한 새로운 진리가 발견될 수 있기 때문이다.

"아니 그러니까! 응? 잠깐만! 아…… 뭐야, 이거 원기둥이었잖아!"

"우와. 그렇다면 둥글게도, 사각형으로도 보이는 게 당연한 거네!"

이처럼 논의를 서로 부딪침으로써 대립을 해소하는 또 다른 진리가 발견된다. 헤겔은 이러한 대립 속에서 새로운 생각을 낳는 방식을 '변증법'이라고 표현했다.

변증법이라는 투쟁

위 이야기에서 중요한 것은 변증법을 통해 새롭게 발견된 진리가 처음 두 사람이 주장했던 진리의 모순을 해결했기 때문에 보다 훌륭한 진리라고 할 수 있다는 점이다. 물론 "원기둥이 아니야!"라고 말하며 이 훌륭한 진리를 부정하는 타자가 나타날 수도 있다. 하지만 그때도 앞서와 똑같이 논의를 서로 대립시키면 된다. 그렇게 하면 대립은 해소되고 더욱 훌륭한 진리가 만들어질 것이기 때문이다.

결국 변증법을 끝없이 이어가면 마지막에는 '가장 훌륭한 진리', '궁극의 진리', '진정한 진리'가 발견될 것이다! 이러한 과정을 간단히 정리하면 다음과 같다.

① 누군가가 '진리'를 주장함
② 다른 누군가가 그것을 부정하고 '반反진리'를 주장함
③ 그렇다면 전쟁이다!
④ 양쪽을 만족시키는 '초월적 진리' 탄생
⑤ 다른 누군가가 그것을 부정하고, '반초월적 진리'를 주장함
⑥ 그렇다면 전쟁이다!
⑦ 더욱 양쪽을 만족시키는 '초초월적 진리' 탄생
⑧ 누군가가 '반초초월적 진리'를 주장…… '초초초월적 진리'가……
⑨ 어느새 '초월 × ∞(무한대) 진리' 즉, '궁극의 진리'에 도달!

만족할 줄 모르는 투쟁 끝에 도달한 경지. 헤겔은 변증법

(투쟁)이야말로 인류를 진정한 진리로 이끌 유일한 방법이라 생각했다.

더욱이 헤겔은 이러한 변증법을 역사에도 적용했다. 다시 말해 인류 역사도 진리 탐구처럼 변증법이라는 투쟁을 통해 발전하고 최종적으로 진정한 자유를 실현하는 '궁극의 이상 사회'를 만들어낼 것이라 생각한 것이다. 그리고 궁극의 이상에 도달하는 것이 인류와 역사의 존재 의의라고 소리 높여 선언했다.

때마침 헤겔이 살던 시대는 왕정국가에서 민주국가로의 전환기였다. 실제로 헤겔이 대학생이던 시절 프랑스 혁명이 일어났다. 시민들이 자유와 평등을 찾아 일어서고 왕정을 타도해 시민정부를 세운 역사적 쾌거였다. 당시 사람들은 이러한 혁명의 성공에 취해 있었고 "역사는 진전될수록 보다 좋은 사회로 나아간다!"라고 자신 있게 말할 수 있던 시대였다. 시대 배경에 따라 헤겔 철학은 박수갈채를 받으며 많은 사람에게 받아들여졌던 것이다.

나에게 진리인 진리를 찾아라

고민 가득한 실존주의의 시조 **키르케고르**

필살기

실존주의

10세 어린 소녀 레기네에게 구혼하지만 1년 후 약혼을 일방적으로 파기한다. 진상은 수수께끼로 남고, 그는 "그 비밀을 알려면 내 모든 사상의 열쇠를 얻어야 한다"라고 기록했다.

▲1813년~1855년 ▲출신지: 덴마크 ▲대표 저서: 《죽음에 이르는 병》

'인류의 역사는 변증법을 통해서 점점 문제를 해결하고, 마지막에는 궁극의 진리에 도달한다'는 희망에 가득 찬 헤겔 철학은 많은 사람들을 매료하고 지지를 얻었다.

하지만 헤겔 철학에 따르면 어떤 생각이든 '변증법'을 거치며 발전할 것이기 때문에 헤겔의 철학도 누군가에게 부정되어야만 한다. 그리고 그 부정에서 더욱더 발전된 철학이 구축될 것이다.

실제로 헤겔 철학에 반론을 제시한 철학자 **키르케고르**가 등장한다.

키르케고르는 "지금 이곳에서 살아가는 '나'라는 개인을 무시한 인간미 없는 철학이다"라고 단언하며 당시 크게 유행했던 헤겔 철학에 강한 혐오감을 드러냈다. 왜냐하면 헤겔 철학은 "인류는 언젠가 궁극의 진리를 발견할 거야"라고 주장하는 이론에 불과하고, '언제, 어디의 누군가가, 어떤 진리를 발견하는지' 같은 중요한 부분에 관해 아무것도 명확히 하지 않았기 때문이다. 따라서 궁극의 진리가 발견되는 것이 100년 후가 될지, 1000년 후가 될지 전혀 알 수 없다. 만약 궁극의 진리가 아주 먼 미래에 얻을 수 있는 것이라면……, 지금 이 시대를 살아가는 우리에게는 아무 상관도 없는 이야기가 될 뿐이다!

이처럼 키르케고르는 헤겔 철학이 인간관계에는 아무 도움이 되지 않는 잡담에 불과하다고 주장했다. 1000년 후의 누군가가 손에 넣을지 알 수 없는 진리에 관해 말해봤자 지금 우리에게 대체 무슨 의미가 있을까. 키르케고르는 인류가 언제 손에 넣을지도 모를 공상 같고 남 일같이 느껴지는 진리가 진리일 리 없다고 생각했다. 그는 진리에 관해서 이렇게 설명한다.

"나에게 진리라고 생각되는 진리. 내가 그것을 위해 살고 그것을 위해 죽을 수 있는 진리. 그러한 진리를 발견하는 것이야말로 중요하네."

즉, '인류에게'라든지 '언제나 성립하고 보편적인'처럼 허세 가득한 꿈 같은 진리는 키르케고르에게 중요하지 않았다. 중요한 것은 나의 진리, 개인의 진리, 한 사람의 진리였다. 지금 현실을 살아가는 개인이 진정으로 납득할 수 있는 것, 그것을 얻기 위해서라면 죽어도 상관없다고 생각할만한 것, 그것이야말로 '진리'라고 부를 수 있다! 키르케고르는 이와 같이 진리를 정의했다.

요컨대 헤겔이 "보다 훌륭한 진리를 얻기 위해서 오늘은 좀 더……!"라 말하는 철학자라면, 키르케고르는 "오늘 진리를 얻을 수 있다면 내일은 필요 없다!"라 말하는 정반대의 철학자다.

키르케고르의 등장으로 헤겔 철학이 부정되고 대립이 생겼다. 이 대립은 어떻게 해소되어야 할까?

두 철학 모두 충분한 설득력이 있다. "인류 역사는 대립을 겪으며 궁극의 진리, 이상 사회로 발전한다"라는 헤겔의 철학은 매우 매력적이고 쉽게 이해되는 이야기다. 한편 "언제 도달할지 알 수 없는 미래의 일을 이야기해봤자 현재를 살고 있는 우리에게 아무 소용없다"라고 비난하는 키르케고르의 마음도 충분히 이해된다. 그때 두 사람의 대립을 해결하는 사상을 제시한 남자가 등장했다. 그는 이런 말로 모두에게 호소했다.

"기다리는 것만으로는 아무 소용없네."

우리의 손으로 인류를 진리로 인도하자

인기 있는 Mr. 카리스마 지식인 **사르트르**

필살기

앙가주망★

1964년에 노벨 문학상을 수상했지만 "어떠한 인간도 살아생전에 신격화될 수 없다"며 수상을 거부했다.

▲1905년~1980년 ▲출신지: 프랑스 ▲대표 저서:《존재와 무》

프랑스 철학자 **사르트르**는 평범하지 않은 철학자였다. 그는 정착을 싫어해서 파리의 번화가, 생제르맹 거리에 있는 카페를 매일 오가며 기발한 복장이나 머리를 한 당시 젊은이들과 함께 논의를 펼치고 철학서를 쓰며 지냈다고 한다. 젊은이들은 그런 사르트르를 좋아하고 존경해서 이렇게 불렀다.

"생제르맹 거리의 교황!"

젊은이들의 존경을 한 몸에 받은 사르트르는 헤겔과 키르케고르의 대립 문제에 관해 이렇게 제안했다.

"그렇다면 차라리 궁극의 진리를 추구하는 역사의 진전을 우리 손으로 이뤄보지 않겠는가! 이를 위해 인생을 걸어보지 않겠는가!"

즉, 헤겔 철학을 남 일처럼 생각하지 말고 스스로 적극적으로 참여해서 '한 개인으로서 지금을 살아가는 의미를 발견하는 것이 어떨까'라는 이야기다. 사르트르의 뜨거운 말은

★ **앙가주망** 정치나 사회문제에 적극적으로 참여하는 일을 가리킨다. 사르트르는 이 앙가주망을 실천해야 한다고 주장했다.

당시 자본주의가 성공해서 생활은 풍요로워졌지만 대체 무엇을 하며 인생을 보내야 할 것인지 번민하던 젊은이들의 마음을 강하게 흔들었다.

자유라는 형벌

사르트르는 "인간은 **자유라는 형벌을 받고 있다**"라고 말한 철학자로도 유명한데, 그는 왜 '자유를 형벌'이라고 했을까? 일반적으로 자유라고 하면 모두가 추구하는 훌륭한 상태를 말한다. 그러나 사르트르는 그렇지 않다고 주장한다. 그는 자유를 다음과 같이 해석했다.

"자유란 무엇이 올바른지 알지 못하는데 알아서 하라며 내팽개쳐진 불안정한 상태를 말하네."

예를 들어 어딘가 신이 있어서 인간에게 "이것이 진리다. 이것이 너희가 사는 목적이다"라고 모든 것을 명확히 해준다면 우리는 아무것도 고민할 필요가 없다. 아버지 손에 이끌려 걷는 어린아이처럼 우리는 안심하고 주어진 진리를 따르며 그대로 살아가기만 해도 좋을 것이다.

하지만 인간에게는 진리도, 살아갈 목적도 주어지지 않았고 명확히 되어 있지도 않다. 그렇기 때문에 인간은 '무엇을 해야 하는가'를 자신이 결정해서 살아가야만 한다.

그러면 대체 우리는 무엇을 결정해야 좋을까? 결정하기 위해서는 결정해야 할 기준이 될 무언가가 필요하다. 그것을 '결정하기 위한 가치관'이라 부르자. 그렇지만 '결정하기 위한 가치관' 같은 것은 이 세상에 너무 많다. 종교 A라든가 종교 B, 또는 철학 A라든가 철학 B가 그렇다. 그러한 것은 얼마든지 발견할 수 있다. 하지만 수많은 가치관 속에서 대체 무엇을 선택해야 좋을 것인가? 만일 실수로 보잘 것 없는 가치관을 선택해버린다면……, 인생이 엉망진창이 될지도 모른다! 그렇기 때문에 우리는 신중하게 올바른 가치관을 선택해야만 한다.

많은 가치관 속에서 어느 한 가지를 결정해야 하고, 그 결정을 하기 위한 올바른 기준이 필요하다. 아니? 그렇게 하니 결정하기 위한 가치관을 결정하기 위한 가치관이 필요하고 그 가치관을 선택하기 위해서도 더욱 결정하기 위한 가치관이 필요해지기 때문에 결국 무한히 가치관이 필요하고 원리적으로 말해서 '결정하기 위한 올바른 가치관'을 손에 넣는 것은 불가능하다.

그렇다면 어쩔 수 없다! 에잇! 아무거나 하나 적당히 결정해서 선택할 수밖에!

하지만 선택한 가치관이 올바를 것이란 보증 역시 어디에도 없다. 그 선택 때문에 말도 안 되는 상황과 마주하게 될지도 모른다. 한 번밖에 없는 인생을 헛되게 만들지도 모른다. 물론 아무것도 선택하지 않는 선택지도 있다. 그러나 '선택하지 않는 선택'이 올바를 것이란 보증도 없다.

어떻게 해야 좋을지 묻는다면……, 정답은 없다. '인생에서 무엇을 해야만 하는가'라는 중대한 문제에 대해 당신은 이것과 이것을 해야만 한다는 올바른 가치관을 신도, 국가도, 학교도, 아무도 가르쳐주지 않는다. 그렇기 때문에 우리 스스로 결정해야 한다. 실패나 실수를 두려워하면서 불안 속에서 '올바른지 어떤지 알 수 없는 무언가'를 억지로 결정해서 살아가야 한다.

그리고 그 결정은 절대적으로 자유의 영역이다. 무엇을 선택해도 좋다. 좋은 대학에 가기 위해 열심히 공부를 해도 좋고, 공부하지 않고 게임 캐릭터의 경험치를 높이는 데 한없이 시간을 보내도 좋다. 목수가 되어도 괜찮고 회사원이 되어도 상관없다. 수도 없이 이성에게 차여도 굴하지 않고 맞선을 반복해 결혼 상대자를 발견해도 좋고, 귀찮으니까 2차원 그림 속 여성을 대용품으로 여기며 평생 결혼하지 않아도 괜찮다. 이 모든 것이 자유다.

하지만 어떤 것을 선택해도 무엇이 올바른 선택인지는 알 수 없기 때문에 10년, 20년 후에 그 선택을 생각하며 몸서리칠지도 모른다.

"난 왜 이런 일을 하게 됐을까? 왜 결혼 못 한 채로 나이 든 아저씨가 된 거지. 내 인생, 이대로 늙어 죽는 일만 남은 건가……. 좀 더 나은 선택이 있었을 텐데."

하지만 결과에 대해 누구도 탓할 수 없다. 자신이 선택한 일이기 때문이다. 자기가 한 선택으로 실패하든 후회하든 그 선택의 모든 책임은 본인에게 있다.

인간은 무엇을 선택해야 좋을지 알 수 없는 세상에서, 누구에게 부탁한 적도 없는데 갑자기 '네 인생이니까 마음대로 선택하라'는 자유를 억지로 부여받아 무언가를 선택하고 그 선택으로 실패를 맛보기도 한다. 우리는 "네가 선택한 일이야!"라며 책임을 떠맡는 숙명을 지니고 이 세상에 태어났다. 사르트르는 인간의 이런 상황을 가리켜 "인간은 자유라는 형벌을 받고 있다" 또는 "인간은 자유라는 저주를 받았다"라고 표현했다.

역사에 대한 참여

사르트르는 인간을 비관적으로 서술하는 데 그치지 않았다. 그는 "오히려 이런 상황에 처해 있기 때문에 역사에 참여해야 한다"라고 주장한다. 어떠한 가치 기준이 올바른지 알 수 없다고 그저 아무것도 선택하지 않고 인생을 소비하며 사는 것보다는, 틀릴지도 모르지만 위험을 감수해서라도 무언가를 선택하며 살아가는 쪽이 훨씬 낫기 때문이다.

이 때문에 사르트르는 '자유의 형벌'이라는 저주를 짊어지면서도 저주를 회피하지 않고 스스로 결정하며 강하게 살아가야 한다고 주장한다. '자유의 형벌'을 받아야 한다면 오히려 더 실패의 책임을 떠맡고 적극적으로 결정하라는 의미다. 어차피 결정해야 하기에 가능한 한 더 큰 무대, "인류를 이상 사회, 진리로 발전시키는 역사라는 큰 무대에 서자"라고 사르트르는 제안한다.

때마침 사르트르가 살던 시대는 자본주의 사회가 세계의 주류였다. 하지만 헤겔에 따르면 역사는 반드시 변증법을 통해 성장하기 때문에 이대로 영원히 지속될 것이라 착각하는 자본주의 사회도 언젠가는 부정되고 더 훌륭한 사회 체계로 바뀔 것이다. 그렇다면 그 훌륭한 사회 체계는 대체 무엇일까? 당시에는 자본주의를 넘어서는 이상적인 사회 체계로서 마르크스의 공산주의가 유력시됐다.

사르트르의 주장에 감화된 젊은이들은 속속들이 공산주의 혁명이나 학생운동에 빠졌다. 그들은 헬멧을 쓰고 화염병을 던지거나 경찰 진압대와 몸싸움을 했다. 이른바 '반사회 운동'이 인기를 얻고 전 세계에 일어난 것이다.

진리는 한 방향으로 나아가지 않는다

미개사회를 사랑한 인류학자 레비스트로스

필살기

구조주의

현지 조사에 몰두하며 브라질 등 많은 땅을 방문했지만, 명저
《슬픈 열대》의 서두에 "나는 여행과 탐험가가 싫다"라고 적었다.

▲1908년~2009년 ▲출신지: 벨기에 ▲대표 저서: 《친족의 기본 구조》

사르트르의 뜨거운 주장에 "멈춰!"라고 외친 사람이 **구조주의의 아버지**로 유명한 철학자 **레비스트로스**다.

원래 레비스트로스는 사르트르와 오랜 친구 사이로, 둘은 좋은 관계를 유지했다고 한다. 이는 레비스트로스가 세상에 등장했을 때 이미 대철학자로 유명했던 사르트르가 그를 후원했다는 사실만 봐도 알 수 있다. 하지만 최종적으로 둘은 격론을 펼치고 절교했다. 레비스트로스가 사르트르에게 이런 말을 퍼부었기 때문이다.

"당신이 말하는 인류가 지향해야 할 역사가 실제로 존재할까?"

그는 사르트르의 철학이 전제하는 것을 뒤집을만한 의문을 던졌다. 하지만 왜 그는 친구와 절교하면서까지 그런 말을 했을까? 이는 그가 철학자와는 다른 특별한 관점을 가지고 있었기 때문이다. 레비스트로스는 오늘날 철학자로서 이름이 알려져 있지만 사실 그의 실제 직업은 인류학 연구가였다.

19세기 이래로 시작한 인류학은 원래 여행가의 일기나 이국땅에 살던 사람들의 이야기를 듣고 그 나라의 문화를 논문으로 정리하는 구술에 의존적인 학문이었다. 그러나 레비스트로스가 살던 시대에는 학자들 스스로 이국에 가서 현지인과 함께 생활하면서 어떠한 문화가 존재하는지 조사하는 실제 연구에 근거한 학문이었다. 레비스트로스도 먼 아마존 땅에 가서 보로로족이나 남비크와라족 등 문명의 영향을 받지 않은 '미개인'이라 불리는 사람들의 삶을 몸으로 체험하고자 했으나 뜻밖의 충격을 받는다. 그때까지 서양에서는 '미개인', 다시 말해 아마존 숲 속에 살고 있을 이름 모를 종족의 사회를 "미신투성이에 유치하고 원시적이겠지"라며 경멸했다. 그런데 실제로 함께 살아보니 놀라울 정도로 합리적이고 심원적인, 서양과는 다른 독자적인 '사회 시스템(구조)'이 존재했던 것이다.

이 체험을 계기로 레비스트로스는 그들이 미개인이 아니라 서양과는 다른 형태로 발전한 사회의 인류라고 강하게 확신하게 됐고, 역사는 진리를 향해 나아가고 있다는 헤겔이나 사르트르의 철학이 그저 거만한 고집이 아닐지 의심하기 시작했다.

왜 헤겔이나 사르트르의 철학이 거만한 고집일까? 레비스트로스에 따르면 그들이 말하는 역사는 결국 '서양의 역사'에 불과하기 때문이다. 우선 서양의 어떤 점이 뛰어나서 서양인은 기본적으로 미개한 땅에 살고 있는 사람들을 문명의 혜택을 받지 못한 불쌍한 사람들이라 보는 걸까. 그리고 미개한 땅에 살고 있는 사람들도 시간이 지나면 언젠가 민주주의와 의회정치를 이루고 산업혁명을 일으켜 결국 근대적인 공장에서 묵묵히 일하는 노동자가 될 것이라고 생각한 걸까. 당시 서양인은 다음과 같은 건방진 생각을 했다고 할 수 있다.

"인류의 역사는 오로지 하나의 목표(마땅히 존재해야 할 형태, 이상 사회, 진리)를 향해 전진하고 우리 서양인은 선두를 달리고 있어. 그 외 다른 문화권 사람들은 먼 뒤편에 뒤처져 우리를 따라오고 있는 개발도상국의 일원이지. 그렇기 때문에 어떤 사회나 국가든, 불 주변에서 춤추던 미개인이든 시간이 지나면 언젠가는 반드시 서양과 같은 문명에 이르게 될 거야. 그리고 우리는 맨 앞에 선 인간으로서 개발도상국 사람들을 인도해야만 해!"

하지만 레비스트로스는 이런 생각이 서양인의 단순한 착각에 불과하다고 주장한다. 그는 미개하다고 간주하던 여러 문화에 숨겨진 '심원한 사회 구조'를 발견해 보임으로써, 서양 문명은 인류사회의 일부분에 불과하며 결코 다른 문화와 비교해서 뛰어나거나 특별한 존재가 아님을 명확히 했다.

동양의 역사

그러면 여기서 한 가지 서양과는 다른 문화의 구체적인 예를 들어보자. 인도와 같은 일부 동양에서는 역사에 관해 서양과는 전혀 다른 방식으로 생각한다.

원래 서양에서는 역사(시간)란 '과거에서 미래로', 즉 일직선으로 진행되기 때문에 과거는 미개하고 나쁜 시대, 그리고 미래는 과거의 문제를 개선한 보다 나은 시대라고 생각했다. 서양인은 역사가 한 걸음 한 걸음 단계를 올라가듯이 궁극의 이상, 신, 진리에 접근하는 과정이라 파악한 것이다. 그렇기 때문에 그들은 역사의 연속성을 중시하고 아무개라는 이름의 인간이 언제 태어났고 무엇을 이룩했는지와 같은 선인의 발자취를 연대기로 남겨야 한다고 생각했다.

한편 동양에서는 역사(시간)가 화살처럼 일직선으로 나아가는 것이 아니라 둥근 고리처럼 영원히 돌고 도는 것이라 생각했다. 이 때문에 동양에서는 서양 사람들이 말하는 '연대기로서 기록된 역사'에 전혀 흥미를 느끼지 못했다. 다시 말해 '○○년 전에 A씨라는 사람이 있었는데 그는 ○월○일에 태어나 △월△일 어디에서 무엇을 했다'와 같은 개별적 사실에는 어떠한 관심도 없었다.

그 대신 동양은 고대부터 역사상 사건을 신화처럼 모두 가공의 이야기로 구전하는 특유의 문화가 있었다. 야심에 불타서 나라를 일으키고 영화를 누렸지만 한 여성에게 빠져 모든 것을 잃고 멸망해버린 영웅이 존재했다고 치자. 서양이라면 그 영웅이 어디의 무슨 마을 출신으로 몇 년 몇 월 며칠에 태어나 어떻게 자라서 동시대의 누구와 친하게 지냈다는 등, 매우 자세히 조사해서 일생을 확실히 기록에 남기고자 할 것이다. 하지만 동양인은 그런 자잘한 것에는 흥미가 없다. 동양은 한 영웅의 일생에 어떤 '상징적인 사건이 일어났는가'라는 본질만을 취하고 이야기로 구전한다.

동양은 왜 역사에 그런 대략적인 방식을 취했을까? 동양에서 역사란 영원히 돌고 도는 것이었기 때문이다. 만약 시간에 끝이 없고 역사가 영원히 계속된다면 몇만 년 전 아주 오래전부터 같은 일은 몇 번이고 되풀이됐을 것이고, 앞으로 몇만 년 후 미래에도 몇 번이고 되풀이될 것이다. 어떤 남자가 여성에게 빠져 멸망하는 일은 몇만 년 전에 존재했던 남자도 겪었고, 몇만 년 후의 남자도 겪을 것이 분명하다. 다시 말해 시간이 움직이고 장소가 바뀌어도 인류의 일상은 바뀌지 않는다.

이렇게 생각하면 "천 년 전의 A씨가······", "몇백 년 전의

B씨가……", "십 년 전의 C씨가……"처럼 일일이 세세한 기록을 남겨봤자 의미가 없다. 게다가 서양처럼 성실하게 모든 사건을 연대기로 남기면 어느새 그 연대기는 평생 걸려도 읽을 수 없는 분량이 되어버릴 것이다. 시간은 무한히 이어지기 때문에 늦건 빠르건 반드시 그렇게 되는 것은 당연한 일이다. 인류의 역사가 백만 년 전부터 이어졌다고 치고, 그때부터 만들어져서 아무도 읽으려 하지 않는 방대한 서적의 산을 가리키며 "이것이 인류의 역사다" 하고 외쳐봤자 대체 무슨 의미가 있을까. 그런 짓은 너무나도 어리석다.

그래서 동양에서는 개별적으로 일어난 일이나 사건에서 상징적인 내용(본질)만 추출하고 기술해 보존하는 방식을 시도했다. 그리고 새로운 역사적 사건이 일어날 때마다 이야기를 세련되게 다듬었다. 즉, 더 상징적으로 이야기를 바꿔 썼다. 그렇게 하면 어느새 그 이야기에서는 '인간의 본질'이 뚜렷하게 부상할 것이다. 왕이 되어 정점에 서고 싶다는 불타는 야심, 원하는 대로 정점에 섰을 때의 미칠듯한 환희. 소원을 이룬 후에 찾아오는 상실감, 얻은 것을 빼앗길지 모른다는 두려움, 그리고 다른 사람에 대한 시기와 의심. 예를 들면 이러한 감정이 우리의 본질이다.

이처럼 동양에서는 몇 번이고 시간이 되풀이돼도 인간이

인간인 한 반복하는 본질이 기술된 이야기야말로 인류의 역사라 부르기에 적합했다.

자, 어떤가. 이렇게 들으니 인도 등 일부 동양의 역사에 대한 생각에 "역시 그렇군" 하고 동조하게 된다. 꽤 괜찮은 생각 같다. 나는 서양식 역사 교육을 받았기 때문에 조금 낯선 기분이 들기도 하지만, 하나의 '그럴듯한' 사고방식이 아닐까.

하지만 근대 서양인은 역사란 유일하고 절대적인 궁극의 진리에 다가서기 위한 여정이라는 자신들의 생각만이 '정통'이고 다른 사고방식은 있을 수 없다고 생각했다. 또는 다른 사고방식이 존재한다 해도 미개인의 착각이나 미신 정도로 생각했다. 레비스트로스는 이런 서양의 단면적인 사고방식을 비판한 것이다.

레비스트로스의 비판은 사르트르에게 뼈아픈 지적이었다. 사르트르는 "인류의 역사에는 지향해야 할 유일한 진리가 있다! 역사를 끌고 가는 역할을 적극적으로 수행하지 않겠는가!"라며 젊은이들에게 뜨겁게 주장했다. 그런데 친구에게 "아니야, 역사는 그런 식으로 하나의 방향으로만 전진하지 않아. 세상에는 다양한 문화, 가치관을 지닌 사회가 많이 존재해. 그리고 문화나 사회 사이의 우열을 가릴 수 없고, 지향해야 할 단 하나의 문화, 궁극의 사회 같은 것도 없어"라고 강하게 반박당한 것이다. 실제로 레비스트로스의 반론에 의해 사르트르의 철학은 급격하게 영향력을 잃고 식어버린다.

이처럼 이성을 중시하고 유일한 진리를 향해 나아가고자 한 근대철학을 서양 중심주의의 거만한 고집이라 단정한 레비스트로스의 비판은 서양의 지식인과 철학자들에게 큰 충격을 불러일으켰다.

편리한 생각을 진리라 하면 된다

실천을 중시한 도구주의 철학가 듀이

필 살 기

프래그머티즘

시카고 대학의 교수 시절, 아내와 함께 아동을 위한 실험학교를 만들어 지도 경험을 정리한 저서 《학교와 사회》로 세상에 알려졌다.

▲1859년~1952년 ▲출신지: 미국 ▲대표 저서: 《경험과 교육》

역사는 변증법을 통해 보다 높은 차원으로 성장하고, 유일하고 절대적인 진리를 찾아서 전진한다……. 이것이 인간의 이성을 신봉하는 근대철학(헤겔)의 최종 결론이다.

하지만 좋은 미래로 나아가야 할 인류의 역사는 여전히 비참한 전쟁을 반복하고 있다. 더욱이 세계대전이라는 참사가 두 번이나 일어났다. 그리고 아우슈비츠로 대표되는 눈 뜨고 볼 수 없는 대학살과, 핵폭탄같이 인류를 절멸할 수 있는 무기의 대량 보유 등. "뭐야, 실제로 인류는 제대로 된 이성 따위 전혀 가지고 있지 않았네" 하고 증명이라도 하듯 보여주는 수많은 역사적 사건들. 이제는 '인류의 이성은 훌륭하다. 인간은 이성을 구사하면 어떤 일도 개선할 수 있다. 우리의 역사는 이상적 미래를 향해서 전진하고 있다'는 근대철학의 낙관적인 주장을 진지하게 받아들이는 사람은 더 이상 존재하지 않는다.

이렇게 설득력을 잃어버린 근대철학을 비판적으로 새롭게 바라보는 경향이 생겼고, 이것이 바로 **현대철학**이다. 이제 막 우리가 살고 있는 시대(현대)의 철학이 시작된 것이다. **중세철학(신앙으로 진리에 도달하고자 함)**에 대한 비판에서 생겨난 것이 근대철학인 것처럼, **근대철학(이성으로 진리에 도달하고자 함)**에 대한 비판에서 생겨난 것이 현대철학이라고 생각하면 좀 이해하기 쉬울까. 바로 얼마 전까지 이성은 훌륭하다, 진리를 탐구하자며 희망에 불타던 인류는 생각처럼 되지 않은 반동으로 "으아악, 역시 이성은 그렇게 만능이 아니었어!" 하며 반대 방향으로 사상이 쓰러졌다.

이런 시대에 **프래그머티즘(실용주의)**이라는 현대 철학사상이 등장한다. 프래그머티즘이란 진리가 무엇인지와는 상관없이 '실제 생활에 도움이 되는지만 생각하자'는 매우 노골적인 사고방식이다.

종래의 철학은 몇 개의 대상에 대해서 "그 본질은 무엇인가?"라는 근원적 질문을 계속해왔다.

"사랑이란 무엇인가, 인간이란 무엇인가, 물질이란 무엇인가, 국가란 무엇인가, 그 본질은 대체 무엇이란 말인가!?"

하지만 프래그머티즘은 이렇게 제안한다.

"결론 나지 않는 것을 계속 이야기해봤자 끝이 나지 않으니까 '효과는 무엇인가?'라는 실용적인 것만 물어보자고."

요약하자면 "그래서? 그건 결국 무슨 도움이 되지?"라는 관점에서 모든 사물을 파악하자는 이야기다.

예를 들어 '딱딱하다'의 본질을 물어보는 것은 매우 어려운 문제다. 실제로 "딱딱함이란 무엇인가?"라는 본질적인 물음을 던지면 얼마든지 사색을 이어갈 수 있다. 그리고 사람에 따라 다양한 답이 나올 것이다.

하지만 "딱딱하다는 게 어떤 효과를 만들어낼까?"라고 실용적인 관점에서 물어본다면 딱딱함을 정의하거나 설명하는 것은 그렇게 어려운 문제가 아니다. 즉, 끝이 나지 않고 계속 이어지는 논의에 빠지고 싶지 않다면 처음부터 답이 나오는 의미 있는 질문을 하면 된다는 게 프래그머티즘의 주장이다.

살기 위한 도구

이러한 프래그머티즘의 대표적 철학자인 **듀이**는 자신의 사상을 알기 쉽게 **도구주의**라 불렀다.

그는 인간의 사고(이성)가 단순히 '살기 위한 도구'에 불과하다고 생각했다. 이렇게 인간의 이성을 정의하면 더 이상 어렵게 생각할 필요가 없다. 모든 것을 '도구로서 어떠한 도움이 되는가?'라는 핵심어로 생각하면 아무런 문제가 없어진다.

예를 들면 '사람을 죽이면 왜 나쁜가?'라는 문제는 아주 먼 옛날부터 많은 사람들이 논의해왔지만 아직까지도 명확한 답은 도출되지 않았다. 듀이에 따르면 아직까지 답이 나오지 않은 이유는 "문제가 어렵기" 때문이 아니라 "문제 설정 방식이 잘못됐기" 때문이다. 다시 말해 그 질문을 '사람을 죽이면 나쁘다고 판단하는 일이 무슨 도움이 되는 거지?'라는 도구주의적인 물음으로 바꾸면 해결된다. 그렇게 하면 답을 찾는 일도, 객관적인 논의도 가능해진다.

실제로 사람을 죽여도 나쁘다고 판단하지 않는 경우를 생각해보자. 그렇게 하면 어떻게 될까? 아마도 언제 다른 사람에게 죽임을 당할지 알 수 없는 상황이 되고, 마음 놓고 밤길을 걷는 일도 없을 것이다. 생활에 지장이 생기고 매일 언제 죽임을 당할까 전전긍긍하며 지내야 하는 말도 안 되는 상황이다.

그럼 어떻게 하면 좋을까. "사람을 죽이는 일은 절대로 있어서는 안 됩니다! 어쨌든 절대로 안 됩니다! 그것이 도덕입니다!"라 말하며 절대적인 구속력을 가지고 어린아이부터 세뇌 교육을 하는 것이 가장 확실하고 안정적인 방법이다.

이런 식으로 말하면 "뭐야, 그게 (사람을 죽여서는 안 된다는 등의) 도덕의 정체였어?" 하고 생각할 수도 있지만, 도구주의적 사고방식이 결코 도덕의 가치를 부정하는 것은 아니다.

오히려 이런 도덕의 정체는 사회적인 사정에 따라 생겼으며, 확실히 모두의 생활에 도움이 되기 때문에 훌륭한 도구라고 볼 수 있어 '(은혜를 받은 사람들에게) 진리'라고 생각해도 좋다.

"A를 믿는 것이 인간에게 유용하다면 A의 진위와 상관없이 A는 도구가 돼."

도구주의 철학을 따른다면 진실이 반드시 유효하다고 볼 수 없다. 현실에서 명확히 틀린 '거짓'도 진리가 될 수 있다. 만약 당신이 일 년 후에 죽는 것을 알고 있다고 해서 누군가 그 사실을 알려준다면 일 년 동안 당신의 인생은 절망적이고 즐겁지 않을 것이다. 그런 진실은 알려서는 안 된다. 일 년 후에 죽는다는 것은 '진실'이지만 '진리'는 아니다. 오히려 '당신은 건강해요'라고 거짓말하는 편이 '진리'일 수 있다.

도달할 수 없는 진리를 추구하는 것은 헛되다

현대철학 최강의 진리 비판가 **데리다**

필 살 기

탈구축

푸코를 포함한 많은 철학자와 격한 논쟁을 벌였다. 공산정권하 체코의 반정부 지식인들을 지원하는 등, 폭넓은 사회운동도 했다.

▲1930년~2004년 ▲출신지: 알제리 ▲대표 저서: 《에크리튀르와 차이》

자크 데리다는 알제리 출신의 프랑스 철학자로, **포스트구조주의**라 불리는 현대철학의 기수다. 데리다의 철학이 무엇인지 묻는다면 간단히 서양비판과 진리비판이라 할 수 있다.

데리다는 서양문명을 **음성중심주의**로 보고 비판했다. 음성중심주의란 매우 간단히 설명해 '화자를 소중히 여기는 문화'라 여겨도 좋다. 이 책에서는 이미지로 상상하기 쉽도록 **화자중심주의**라는 호칭으로 바꿔 부르겠다.

원래 대화는 '화자'와 '청자'라는 두 사람에 의해 성립한다. 양자의 관계는 아래 그림처럼 나타낼 수 있다.

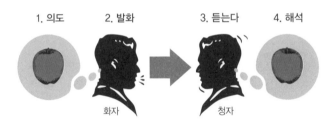

1. 의도　　2. 발화　　3. 듣는다　　4. 해석

화자　　　　　　　　　청자

'화자의 의도'와 '청자의 해석'을 일치시키는 것이 대화의 목적

① 화자가 말하고 싶은 것(의도)을 생각한다.

② 화자가 의도를 전달하기 위해 발화한다.

③ 청자가 그 말을 듣는다.

④ 청자는 그 말을 해석하고 상대가 말하고 싶어 하는 의

도를 이해한다.

그림에서도 알 수 있듯이, 화자와 청자의 역할은 아래처럼 정리할 수 있다.

- 화자는 자신의 의도를 전달하기 위해 의도를 발화하는 작업을 행한다.
- 청자는 전달받은 말을 해석하여 상대방의 의도를 이해하는 작업을 행한다.

대화는 청자가 화자의 말을 듣고 그 의도를 이해하는 것을 목적으로 이뤄지기 때문에, 결국 '화자가 청자에게 자신의 의도를 전달하는 게임' 또는 '청자가 화자의 의도를 이해하는 게임'이라고 할 수 있다.

그렇기 때문에 어떤 화자가 '의도 A'를 전달하기 위해서 여러 가지 말을 하고 그것을 들은 청자가 '의도 B'로 이해했을 때 의도 A와 의도 B가 전혀 다르다면, 그 대화(게임)는 실패다. 물론 화자의 언어구사가 정확하지 않았다거나 청자의 해석이 이상했다는 등 어느 한 쪽이 잘못했다는 논의는 있겠지만 적어도 청자가 화자의 의도를 정확히 파악하지 못한 시점에서 대화는 성립할 수 없다. 즉, 엄청 뛰어난 청자가 매우 훌륭한 이해를 하려고 해도 청자의 이해가 화자의 의도와 일치하지 않으면 소용없는 짓이다. 대화라는 게임에서 화자의 의도는 청자에게 '정답'이자 도달해야 하는 '진리'와도 같다.

그러면 잠시 이런 상상을 해보자. 한 권의 책이 있다고 하자. 그 책은 소설이든 철학서이든 상관없지만 어쨌든 난해한 문장으로 쓰여 있어 잘 읽지 않으면 무슨 말을 하는지 알 수가 없다. 당신은 그 책을 읽으면서 "음, 이 문장은 이런 것을 말하고 있구나" 하고 이해했다고 치자. 당신의 이해가 올바르다고 말할 수 있는 때는 언제일까? 당연히 당신의 이해가 '문장을 쓴 사람(화자)의 의도'와 일치했을 때다. 따라서 그 책을 쓴 저자에게 직접 찾아가 문을 두드리고 "이 문장은 이런 의도인가요?"라고 물어보면 된다. 저자에게 "그렇다"는 답을 들으면 정답이고, "아니다"란 답을 들으면 오답이다. 그것으로 자신의 이해가 올바른지 여부를 확실히 평가할 수 있다.

하지만 만약 저자가 이미 죽은 사람이라면 어떻게 해야 좋을까? 이 경우에는 저자에게 의도를 물어보는 일은 불가능하다. 만약 저자 생전에 알던 사람이나 저자의 일기 등에서 추측해본다고 해도, 그 문장이 '진짜' 어떤 의도로 쓰였는지는 본인에게 직접 듣지 않으면 추측에서 끝나고 만다.

그렇다면 독자인 자신의 이해가 올바른지 확인하는 방법

은 더 이상 없고 저자의 의도를 알 길이 없다는 결론이 나온다. 따라서 절대적으로 알 수 없는 진리를 둘러싸고 "분명 그의 의도는 이랬을 거야!" 하고 단언해도 그 말은 허황된 이야기에 불과하다.

그럼에도 불구하고 우리는 이런 방식으로 자주 싸우곤 한다. 인터넷 등에서 철학에 관한 논의를 엿보면 이런 대화를 자주 발견할 수 있다.

"너 전혀 모르잖아. 칸트가 정말로 말하고 싶었던 건 이런 거라고!"

"아니야, 너야말로 몰라. 칸트가 말하고 싶었던 건 사실 이거야!"

이들은 고인인 칸트가 쓴 문장에서 칸트의 의도(화자의 의도)라는, '이미 절대로 손에 넣을 수 없는 진리'를 둘러싸고 논쟁을 벌이고 있는 것이다.

독자중심주의

결코 손에 넣을 수 없는 환상 같은 진리를 두고 서로 상처 입히는 무모한 말싸움. 데리다는 지금까지 서양이 항상 하던 진리 탐구는 기본적으로 이러한 말싸움이었다고 주장했다. 그리고 그는 '화자의 의도'보다 '독자의 해석' 쪽을 소중히 여기자는 가치관의 역전을 제안했다.

"모르는 건 어쩔 수 없네. 그러니 더 이상 저자(화자, 필자)의 의도 따위 그렇게 신경 쓰지 않아도 돼. 각각의 독자가 문장을 읽고 원하는 대로 해석하면 되는 거지. 그리고 그 각각의 해석이 진리(정답)인 것으로 끝나는 문제네."

데리다는 이런 식으로 "쓴 사람의 의도는 무시하고 문장 (말)을 자신의 해석에 따라 새롭게 읽어도 괜찮다"라는 대담한 **독자(청자)중심주의**를 주장했다.

당신이 누군가를 향해 무엇을 이야기했다고 하자. 그때 상대방이 당신의 의도와 다르게 이해하거나 해석하면 "아니, 전혀 달라. 그런 의미가 아니야"라고 청자의 이해나 해석을 부정하고 싶을 것이다. 우리는 청자가 '화자의 의도'라는 정

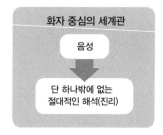
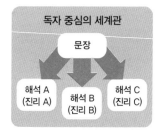

화자중심주의를 비판하며 독자중심주의를 주장

답을 맞혀야 한다는 고정관념을 가지고 있기 때문이다. 그래서 화자인 자신의 의도를 마치 '절대적인 진리'인 것처럼 판단하고 상대방이 그 진리에 도달하기를 강요한다.

그러나 상대방이 자신의 의도를 올바르게 이해했다는 것을 어떻게 알 수 있을까. 앞의 예에서는 화자(작자)에게 직접 물어보면 해결될 것처럼 설명했지만 실제로는 이 방식도 썩 믿을만하지는 않다. 상대방이 "당신의 의도를 이렇게 이해했습니다" 하고 설명하거나, "당신의 의도는 이런 것인가요?" 하고 물어보는 순간의 과정도 대화로 이뤄지기 때문이다. 즉, 어떤 말 A의 의도를 확인하기 위해 말 B를 사용하고, 말 B의 의도를 확인하기 위해 말 C를 사용하기 때문에 아무리 확인을 해도 의도 같은 것은 알 수가 없다. 결국 우리는 의도를 주고받는 것이 아니라 말을 주고받고 있을 뿐이다.

말을 사전에 있는 그대로 정확히 이해한다면 의도도 파악할 수 있을 것이라고 말하는 사람도 있을 것이다. 하지만 이런 생각 역시 믿음에 불과하다.

예를 들어 영어 번역을 생각해보자. 어떤 외국인이 '애플'이라는 말을 꺼냈다고 하자. 그는 명확히 '사과'라는 의도로 말을 꺼낸 것이 분명하……고 생각했다면 큰 착각이다. 왜 애플이 사과가 될까? 물론 영어사전에 확실히 그렇게 적혀 있지만 사전이 맞다는 보장은 어디에서 오는 것일까.

애초에 최초의 영어사전은 어떻게 만들어졌을까. 전혀 알 수 없는 미지의 언어를 모국어로 번역한다는 것은 어떤 행위일까.

잠깐 이런 상상을 해보면 좋겠다. 당신이 배로 여행을 하던 중 운 나쁘게 난파당해 전혀 모르는 말을 쓰는 외국에 도착했다고 치자. 이때 당신은 그 나라 사람들이 무슨 말을 하는지 전혀 알 수 없다. 하지만 함께 생활을 하는 동안 어떻든 상대방이 하는 말을 이해할 것이다. 예를 들면 그들은 사과를 가리켜 '애플!'이라 외친다. 그것을 본 당신은 애플이 사과를 의미한다고 생각할 것이다. 그리고 그 말을 잊지 않도록 메모로 남겨둔다. 이런 행동을 계속 반복하면 어느새 수수께끼의 말을 모국어로 바꿀 수 있는 사전이 완성된다. 하지만 그렇게 만들어진 사전은 정말로 다 맞을까? 외국인이 애플이라고 말했을 때, 그 의도를 어떻게 확인할까.

실제로 그 말의 의도를 확인할 수 있는 방법은 없다. 당신이 현실에서 받아들인 것은 의도가 아니라 수수께끼의 말뿐이기 때문이다. 어쩌면 외국인이 말한 애플은 사과가 아니라 "어쩜 저렇게 붉고 동그랄까!"라는 의도의 말이었는지도 모른다. 그런 경우 '애플'이란 "우와! 둥글고 빨개!"가 올바른 번역이 될 것이다.

그러나 이 번역이 정말로 맞는지도 결코 알 수 없다. 다시 말하지만 우리는 말을 주고받을 뿐으로 '의도 그 자체'를 직접 주고받는 것은 아니다. 따라서 번역(의도의 해석)이 정말로 정확한지는 아무도 모른다. 이는 원리적인 문제이므로 결국 일반적으로 무조건 확실하게 옳다고 생각되는 영어사전도 "이러한 상황에서 나온 말이기 때문에 분명히 이런 의도일 거야"라는 믿음에서 만들어진, 사실은 오역을 포함하고 있을 가능성이 있는 불확실한 것이다.

이러한 상황은 같은 나라 언어 사이에도 일어날 수 있다. 배가 난파되고 정신을 차려보니 처음 보는 말을 사용하는 나라에 오게 됐다. 그곳에서 상대방이 말을 사용할 때의 상황을 보고 그 말의 의도를 자기 나름대로 상상해서 언어의 사용법을 배운다. 이는 우리가 아기로 이 세상에 태어났을 때와 똑같은 상황이 아닐까. 우리는 평상시 모국어를 사전 대로 정확히 사용하면 분명 상대방에게 자신의 의도가 전 달될 것이라 생각하기 쉽지만 실제로는 그렇지 않다. 당신 이 이해하는 모국어의 해석은 당신이 멋대로 추측해서 만 들어낸 것에 불과하다. 실제로는 어딘가 단추를 잘못 꿰고 있을지 모를 일이다! 시험 정답지에 한 칸씩 밀려 쓴 것처럼 당신만 말의 해석 방식이 모두와 다를지도 모른다! 그리고 그렇게 밀려 썼어도 감쪽같이 앞뒤가 잘 맞아 대화가 성립 해 자신이 잘못 사용하고 있다는 것도 깨닫지 못할 뿐인지 도 모른다!

이러한 가능성은 원리적으로 부정할 수 없다. "사과는 사과 잖아!" 하고 외쳐도 우리는 무엇 하나 확인할 수 없다.

원래 말이라는 게 그렇다. 소통이라는 것도 본디 그렇다. 대화는 말을 사용하는 상황에서 '분명 이런 의미일 거야'라 고 추측한 '(결코 그것이 사실인지 아닌지 알 수 없는) 개인의 해 석'에 의해 성립한다.

그렇기 때문에 데리다는 '읽는다(해석한다)'는 행위를 중요 하게 생각했다. 그것이 실재와 가장 잘 맞았기 때문이다. 일 반적으로 청자는 '화자의 의도'라는 진리에 접근할 수 있고,

접근하는 것이 당연하다고 믿었다. 그리고 의도를 전달하지 못하는 화자나 의도에 접근하지 못하는 청자는 소통을 못하는 인간이라 비난받았다. 하지만 현실에서 의도는 접근할 수 없는 진리이자, 상상이나 해석으로만 추측할 수 있는 것이다.

결국 우리가 접근할 수 있는 것은 '적혀 있는 문장', '전달된 말'뿐이기에 그러한 문장이나 말에서 각자 자신의 진리(그 말의 의도)를 구축하면 된다. 스스로 구축해야 한다는 자각이 중요하다.

데리다는 결코 손에 잡을 수 없는 진리(의도)를 둘러싸고 무모하게 싸우는 서양식 사고방식을 비판하며 타인의 재해석을 허용하는 새로운 가치관의 가능성을 제시한다. 이것이 바로 화자중심주의에서 독자중심주의로의 전환이다.

현대에서 '진리'란 대체 무엇일까?

데리다의 관점에서 바라보면 절대로 찾을 수 없는 진리를 둘러싸고 "이게 틀림없어!", "아니, 절대 이게 맞아!" 하며 싸우는 것은 완전히 바보 같은 짓이다. 이런 의미에서, 부여된 현실(문장)에서 각자의 '해석'으로 진리를 발견하면 된다는 사고방식은 매우 현실적이고 타당하다고 할 수 있다. 또는 듀이의 도구주의 관점에서 각자 실용적인 사고방식을 선택하는 것도 한 방법일 수 있다.

하지만 이러한 사고방식은 적어도 소크라테스나 그의 제자들이 목숨을 걸어서라도 얻고자 했던 진리(진정한 무언가)와는 뭔가 다른 느낌이 든다. 결국 인류의 진리 탐구 여정은 한 바퀴를 돌아서 '진리는 사람마다 다르다'고 주장한 기원전 시대로 되돌아온 것 같다.

왜 이렇게 되어버린 걸까? 그 이유를 두 가지로 축약해 설명하고자 한다.

① 진리를 추구하는 투쟁은 치명적

서로 다른 주장이 나왔을 때 '사람마다 다르다' 같이 흥을 깨는 말은 배제하고 철저히 싸워서 보다 높은 진리를 발견해야 한다는 것이 근대철학의 사고방식이었다. 이는 숙명의 라이벌끼리 강가에서 주먹다짐을 하다 결국 화해하고 사이가 좋아지면서 대단원의 막이 내리는, 고전 만화에 나오는 약속된 패턴이기도 하다.

하지만 현대는 그렇게 어설픈 시대가 아니다. 우선 현재 각국은 핵무기, 화학무기 등 다양한 살육 병기를 보유하고 있다. 만약 각국의 정상들이 의견 차이로 분쟁이 생겨 이런 무기를 사용해버린다면 제3차 세계대전의 발발과 함께 인류는 멸망할 것이다. 인류는 방아쇠가 될 무지막지한 무기를 대량으로 가지고 있다. 그리고 이런 상황에도 사람들은 아직까지 '진리'라고 부르는 절대적인 가치관(신, 이상적인 정치사상)을 쟁점으로 일촉즉발의 상태까지 간다. 따라서 진리를 얻기 위해 철저하게 싸우자는 무조건적인 예전의 방식은 인류에게 더 이상 소용이 없다. 지금 세계는 인간이 진리를 추구하는 마음 때문에 멸망할지도 모르는 위기 상황에 놓여 있다.

이런 무서운 시대이기 때문에 현재 지식인들은 "자자, 사람마다 다르고 나라마다 다르니까 다른 문화도, 다른 종교도, 서로 다른 정치사상도 모두 인정하며 지내자"라고 외치며 상대주의를 주장하는 것이다.

② 모든 학문에서 한계점 발견

또 한 가지, 진리 탐구 자체가 현실 문제로서 막혀버린 사정도 있다. 절대적인 진리 탐구가 좌절된 것은 철학만이 아니다. 실제로는 과학이나 수학을 포함한 모든 학문이 진리 탐구에 이미 패배를 인정해버렸다. 철학이 근대철학에서 현대

철학으로 이동하고 이성이나 진리 비판을 시작할 즈음, 이상하게도 그것에 호응이라도 하듯 다양한 학문에서 '진리 탐구의 불가능성'을 증명하는 이론이 속속들이 발견됐다. **동시성★** 이론의 등장은 최강의 학문인 과학이나 수학이 패배를 인정하는 것이나 다름없는 이상 현상이었다.

물리학에서 발견된 **불확정성 원리★★** 역시 그렇다. 물리학에서 이뤄야 하는 진리는 역시 모든 물리현상의 해명일 것이다. 그리고 실제로 과학자들은 연구를 거듭하여 분자, 원자, 원자핵, 양자같이 점점 미시적인 세계를 밝혔다. 분명 가까운 시일 내에 세계를 구성하는 물질(이라는 물리현상)의 정체도 완전히 해명할 수 있을 것이라 여겼다. 하지만 불확정성 원리의 발견과 함께 이러한 시도는 모두 끝나버렸다.

불확정성 원리란 간단히 설명해서 '과학적 관측의 한계'를 나타내는 이론이다. 이 이론을 통해 물리학에서 원리적으로 절대로 관측 불가능한 영역이 존재한다는 것을 알게 됐다. 아무리 뛰어난 과학자라도 물리적으로 관측할 수 없는 것에 대해서는 손을 쓸 수 없다. '실제로는 이럴 것이다'라고 상상하

★ **동시성** 심리학자이자 정신과 의사인 카를 융이 제안한 개념으로, 겉보기에 연관이 없어 보이는 두 사건이 사실은 우연이 아니라 의미 있는 결합인 경우를 뜻한다.

★★ **불확정성 원리** 독일의 물리학자 하이젠베르크가 제안한 원리로, 하나를 측정하는 동안 다른 하나가 변화하기 때문에 무언가를 정확하게 측정하는 것은 불가능하다는 이론이다.

는 것만 겨우 허용될 뿐이다. 과학적 관측의 한계가 명확해졌기 때문에 물리학으로는 한계 저편에 펼쳐진 세계에 관한 과학적인 탐구가 더 이상 불가능해졌다.

수학에서도 **불완전성 정리***가 발견됐다. 예전부터 수학은 어떤 수학적 명제라도 진위 판정이 가능한, 완벽하고 궁극적인 이론 체계라 여겨졌다. 그러나 놀랍게도 실제로는 그렇지 않다는 것이 수학적으로 증명됐다. 이 증명의 이름이 불완전성 정리다. 간단히 설명하면 수학은 자신 속에 진정으로 성립되는지 증명할 수 없는 명제나 수식을 만들어내는 것이 가능하다는 정리다. 이러한 명제가 수학 내부에 포함되어 있는 이상, 수학은 완벽한 이론 체계라 할 수 없다. 이런 이상한 명제(증명할 수 없는 문제)를 해결하기 위해 수학 체계를 확장하여 더 완벽하고 강력한 체계를 구축하면 될 것 같지만, 그렇게 해도 역시 그 체계 안에서 증명되지 않는 명제는 나타날 것이다. 결국 다람쥐 쳇바퀴 돌듯 아무리 완벽해 보이는 수학 체계를 구축한다 해도 반드시 증명할 수 없는 명제가 나타나기 때문에 완벽한 수학 체계를 만드는 것은 불가능하다.

★ **불완전성 정리** 미국의 수학자 괴델이 발표한 이론으로, '진리이지만 증명되지 않는 수학적 명제가 존재한다'는 내용으로 요약할 수 있다.

결론을 말하면 인간은 불확정성 원리를 뛰어넘어 우주의 진정한 모습을 밝혀내는 것이 불가능하고, 불완전성 정리를 극복하여 완벽한 수학 체계를 만드는 것이 불가능하다. 그 외에도 카오스 이론, 러셀의 패러독스 등 학문의 완성을 방해하는 새로운 이론이 현대에 진입한 후부터 잇따라 발견됐다.

다시 말해 시대가 발전됨에 따라 진리가 명확해지기는커녕, '도달할 수 없는 진리'가 많이 존재한다는 사실만 점점 드러났다.

학문의 한계에 대한 발견은 학문을 발전시키면 언젠가는 세상의 모든 것을 알게 될 것이라 소박하게 기대했던 사람들에게 큰 실망을 안겼다. 이전에 칸트는 진리를 '인간의 경험 형식의 범위에서 탐구 가능한 것'으로 정의했다. 그리고 인간은 과학적으로 관측 가능한 범위, 과학적으로 증명 가능한 범위의 한계를 밝히고 "네, 우리가 탐구할 수 있는 것은 여기까지입니다. 이 다음부터는 원리적으로 알 수 없습니다. 절대 알 수 없지요" 하고 '탐구의 한계'까지 명확히 했다.

이처럼 진리 탐구의 문제점이나 한계가 명확히 나타난 현대에서 우리는 진리에 어떤 태도를 취할 수 있을까?

그런데 현대철학의 주요 주제라고 하면 '이성비판, 서양비판, 진리비판' 같은 비판 삼형제가 있지만, 실제로는 또 한 가지 **타자**라는 중요한 단어가 있다. 이 '타자'라는 단어와 관련해서 '진리란 무엇인가?'를 다시 한 번 생각해보자.

'타자'는 진리를 추구하게 하는 뜨거운 원동력

'타자'를 깊이 생각한 유대인 **레비나스**

필살기

타자론

수용소에서 살아 돌아온 전후시기에 동방 이스라엘 사범학교의 교장이 되어 학생들의 생활을 지원하고 파리 대학의 교수를 지냈다.

▲1906년~1995년 ▲출신지: 리투아니아 ▲대표 저서: 《전체성과 무한》

현대철학에는 **타자론**이라 불리는 철학 분야가 있는데, 타자론의 대표적인 철학자가 **레비나스**다.

유대인이었던 레비나스는 제2차 세계대전 중 나치 독일의 유대인 학살로 인해 가족, 친척, 친구의 대부분을 잃었다. 그 자신도 나치의 포로가 되어 수용소에 갇혔다. 레비나스는 자신과 같은 유대인을 '박해받도록 선택된 민족'이라 표현했다.

유대인으로서 인간 이하의 대접을 받은 그는 어떤 공포에 휩싸였다. 바로 인간이 아무리 잔혹하게 죽임당해도 세계는 아무 일도 없던 것처럼 지속된다는 사실 그 자체였다. 그는 내일 자신이 살해당할지도 모른다는 공포를 느끼는 동시에 자신의 죽음과 전혀 상관없는 상태로 존재하는 세계를 두려워했다.

내일 갑자기 내가 사라진다고 해도 아무 일도 없던 것처럼 세상은 기능할 것이다. 나는 이 세상이 두렵다······.

그는 이러한 공포를 '일리야'라고 이름 지었다. '일리야'란 '존재한다(그곳에 있다)'는 의미다. 그는 자신이 죽어도 계속해서 존재하는 세계를 두렵다고 생각했다. 자신의 생사에 무관심한 세계는 무엇을 위해, 어떤 의도로 그곳에 있는 것일까. 레비나스는 이해 불가능한 세계에 있는 절대적인 '타자'를 느꼈다.

이렇게 레비나스의 우울한 철학인 '타자론'이 구축됐고, 이에 촉발되어 다른 철학자도 깨닫기 시작한다. 이 세계는 많은 '타자', 즉 나에게 무관심하지만 그곳에 존재하는, 결코 이해할 수 없고 유쾌하지 않은 무언가로 가득하다는 사실을 말이다.

앞서 서술한 과학에서의 불확정성 원리, 즉 물리적으로 관측 불가능한 한계점을 예로 들어보자. 결국 물리학이란 물리적으로 관측 가능한 범위라는 '테두리' 안의 학문이고, 그 테두리 밖에는 더 이상 물리학으로는 측정할 수 없는 물리현상, 다시 말해 물리학에서의 '타자(이해할 수 없는 무언가)'가 존재한다.

수학에서의 불완전성 정리도 그렇다. 아무리 완벽해 보이는 수학 체계라는 '테두리'를 만들어도 반드시 그 테두리 밖에 존재하고 수학 체계로는 증명 불가능한 명제, 다시 말해 수학에서의 '타자(이해할 수 없는 무언가)'가 존재한다.

이러한 것들이 모두 레비나스가 말하는 타자의 하나다. 이 말에 조금 위화감을 느끼는 사람도 있을지 모르겠다. 우리에게 일상적으로 타자라고 하면 떠오르는 것은 단순히 '타인'이기 때문이다. 현대철학에서 타자는 '나의 주장을 부정하는 존재', '내 권리나 생존에 전혀 무관심한 존재', '내 이해를 빠져나가는 존재' 등, 다양한 의미를 나타내는 추상적 단어다.

그렇다고 해서 너무 어렵게 생각할 필요는 없다. 요약하면 자기 생각대로 되지 않거나 잘 모르는 것과 같이 소위 타인적인 성질을 지닌 것 전부를 통틀어서 철학자들이 멋들어지게 '타자'라고 이름 지었다는 정도로 이해해도 상관없다.

현대에 철학자나 과학자가 탐구 끝에 도달해서 찾은 것이 이 타자였다. 아무리 완벽하다고 여겨지는 학문 체계를 세워도 반드시 잘 알 수 없는 타자가 나타나 완성을 방해하는 무정한 현실이 존재한다. 불확정성 원리, 불완전성 정리 등 어떠한 이론을 구축해도 반드시 '타자'라는 녀석이 나타난다.

처음 이야기로 돌아가자. "그 녀석은 바보야"라는 문장이 있다고 하자. 하지만 이 문장 전부를 아래처럼 괄호로 묶으면 저 멀리서 바보라고 말하는 타자의 존재가 만들어진다.

"(그 녀석 바보야)라고 말하는 저 녀석 자신이 가장 바보지."

하지만 이 말도 전부 괄호로 묶어버리는 타자가 반드시

존재한다.

"[(그 녀석 바보야)라고 말하는 저 녀석 자신이 가장 바보지]라고 말하고 있는 저 녀석이 가장 바보야."

그리고 이 말도 전부 괄호로 묶어 부정하는 타자가 존재한다. 무한히 이어지는 타자의 연쇄에서 무슨 말을 해도 그것을 부정하는 타자의 존재는 결코 부정할 수 없다.

결국 종교, 과학, 철학은 모두 세계를 어떤 형태로 기술해서 설명하고자 한 시도 중 하나지만, 이는 어떤 단어의 조합이자 어떤 '테두리(문장)'를 만든 것이기 때문에 그 테두리 밖에는 '타자', 다시 말해 다르다고 부정하는 것, 테두리에 포함되지 않는 것이 반드시 존재한다.

타자론이라는 관점에서 보면 그 누구에게도 부정될 수 없는 절대적인 진리를 만드는 것은 아무리 몸부림쳐도 불가능하다. 이러한 원리적 구조가 명확해진 이상, 소크라테스부터 시작된 철학의 '절대적 진리 탐구'에 대한 여정은 이미 끝났다고 할 수 있다. 인류는 나와 다른 형태의 타자라는 괴물 앞에서 어찌할 도리 없이 패배해버린 것이다.

'타자'에게 발견될 가능성

하지만 타자가 진리로 도달하는 것을 방해하는 피해야 할 존재만은 아니다. 한편 이런 식으로 생각하는 것도 가능하다.

"타자는 나라는 존재를 '자기 완결'의 외톨이에서 구해내는 유일한 희망이자 무한의 가능성이야."

만약 이 세상에 타자가 존재하지 않아 인류가 절대적인 진리에 도달해서 '궁극의 이론'을 완성했다고 상상해보자. 모든 수학 문제가 풀리는 완벽한 수학 체계, 모든 물질의 운동을 완전히 예측할 수 있는 완벽한 물리학 이론, 어떠한 반론의 여지가 없는 완벽한 철학 체계 등, 인류가 꿈꿔온 학문의 완성을 떠올리자. 하지만 그곳에 도달한 세계는 정말로 우리가 바라던 이상적 세계일까. 분명 그곳에서 기다리고 있는 것은 단순한 '자기 완결'뿐이다. 그곳은 아무런 지적 호기심도 일어나지 않고 영원한 정체와 절망이 펼쳐지는 따분한 세계일 것이다.

하지만 운 좋게도 현실에서는 그렇게 되지 않는다. 어떤 과학, 수학, 철학을 만들어도 반드시 그 외부에서 '틀렸다'는 울림이 생기고, 그 학문 체계를 무너뜨리려는 전혀 이해할 수 없고 무자비하며 잔혹한 타자가 나타나기 때문이다. 그리고 이런 타자가 존재하기 때문에 우리는 자기 완결의 정체에 빠지지 않고 무한히 질문을 던질 수 있다.

"세계는 진짜 어떻게 되어 있는 걸까?"
"인간은 진짜 어떻게 살아야 좋을까?"

그런데 여기서 사용된 '진짜'라는 단어의 의미는 무엇일까? 원래 이러한 문맥에서 사용되는 '진짜'란 '진정으로'라는 의미다. 따라서 '진짜로'라는 말은 '진리'를 가리키는 단어라고 할 수 있다.

그러면 우리가 이 '진짜(진리)'라는 단어를 사용하는 경우는 어떤 때일까? 우리가 대상의 현상에 관한 진실을 파악하지 못하고 더욱이 확인할 수 없을 때다.

"우주의 끝은 진짜 어떻게 되어 있는 걸까?"
"그는 파란색을 진짜 빨간색으로 보고 있는 건 아닐까?"

다시 말해 "(잘 모르겠지만) 진짜는 어떨까", "(잘 알지 못하지만) 진짜는 이렇지 않을까"라고 생각할 때다. 실제로 대상이 절대적으로 확실한 경우에는 이러한 단어를 사용하지 않는다. 따라서 진짜(진리)란, 실제로 이해할 수 없는 타자와 상대할 때만 사용하는 단어다. 그렇다면 진짜(진리)라는 단어의 정체는 이해 불가능한 타자 안에서 발견되는 새로운 가능성이라 할 수 있지 않을까.

물론 타자는 타자인 이상 내가 무엇을 발견해도 "틀렸어!" 하고 거부할 것이 확실하다. 그렇다고 해서 타자를 무시한다든지 못 본척해서는 안 된다. 그런 식으로 대응하면 결국 단순한 자기 완결, 무모한 혼잣말만 남기 때문이다.

우리는 타자에게서 도망칠 수 없고 타자를 죽여서도 안 된다. 타자를 죽이는 것은 대화 상대로 결코 반론할 수 없는 마네킹을 가지고 와서 무저항 상태의 상대방을 향해 주장하는 것과 같다. 그런 행위를 해봤자 아무런 의미가 없다. 그런 행위는 타자라는 강적에게서 도피하는 행위이자 진정한 패배다. 우리는 시선을 회피하지 않고, 무시하지 않고, 죽이지 않고, 관계를 끊지 않고 타자와 대화해야 한다. 타자의 거절로 인해 아무리 상처를 입는다 해도 "진짜는 이렇지 않을까?" 하고 물어야 한다.

진리를 추구하는 뜨거운 마음

현대에서 진리란 무엇인가. 절대적으로 확실하다고 할 수 있는 단 하나의 것이 존재한다면 그것은 내가 아무리 진리를 가지고 와서 옳다고 외쳐도 부정하는 타자가 반드시 존재한다는 사실이다. 이 말을 부정해도 부정했다는 사실이 이 말의 옳음을 증명한다. 이러한 논법은 데카르트가 "아무리 의심해도 의심하는 나의 존재 자체는 의심할 수 없기 때문에 절대적으로 확실하다"라고 했던 것과 같다. 다시 말해 절대로 확실하다고 할 수 있는 것은 '나'와 '타자'의 존재다. 실제로 신분이나 이름 등, 모든 장식을 벗어버리고 본질만 본다면 세계는 이 두 존재로 구성되어 있다고 할 수 있다.

그러나 나와 타자 사이에는 좋은 관계만 성립되지 않는다. 타자란 본디 나에게 불쾌한 존재이기 때문이다. 사르트르는 **"타자란 지옥이다"**라고 말했고, 레비나스는 **"타자란 내가 죽이고 싶다고 욕망할 수 있는 유일한 존재다"**라고 말했다.

하지만 나에게 타자는 의도를 확실히 소통하기 어렵고 유쾌하지 않은 이해 불가능한 대상인 동시에 그렇기 때문에 질문이 가능한 유일한 존재이기도 하다. 그리고 우리는 타자에게 "진짜는 어떨까?"라고 진리를 물어봄으로써 새로운 가능성, 새로운 가치관, 새로운 이론을 무한히 창조할 수 있다. 본디 좋은 사이가 될 수 없는 '나'와 '타자' 간의 관계와 대화가 단절되지 않고 성립하는 원동력은 우리가 진리(진짜)를 추구하는 뜨거운 마음이다.

진리라는 환상은 우리가 진리를 추구하는 뜨거운 마음 때문에 존재하며, 우리가 진리를 추구한다는 사실이야말로 진리가 아닐까.

국가의 '진리'

이상적인 국가는 무엇일까?

[고대]

국가론을 생각한 철학자들

플라톤
아리스토텔레스

[근대]

왕vs인민
국가의 주권은 누구에게 있는가

홉스
루소
애덤 스미스

[현대]

행복하게 살기 위해 필요한 것은?

마르크스

절대적인 권력을 떨치는 괴물 '국가'. 어리석은 민중이 선택한 정치가가
국가를 올바르게 이끌 수 있을 것인가? 이 회의에서 진정한 국가를
추구하는 철학자의 탐구가 시작됐다. 과연 국가의 정체는 무엇일까?
모두를 행복하게 하는 이상 사회 체계는 무엇일까? 공산주의가 무너지고
자본주의가 승리한 상품이 넘쳐흐르는 시대. 이처럼 풍족해야 할 국가에서
우리는 왜 아직까지도 시간에 쫓기며 노동해야 할까? 그리고 알게 된
충격적인 사실. 국가를 움직이는 것은 정치가가 아니라 철학자였다!
국가라는 거대한 괴물을 움직인 철학자들의 이야기. 제2막 시작!

애덤 스미스 vs 마르크스

철학자야말로 국가의 지배자다

철학계의 최강 엘리트 **플라톤**

필 살 기

이데아론

**'서양 철학은 플라톤의 주석에 불과하다'고 일컬어질 정도로
그의 영향력은 매우 크다. 체력이 훌륭해서 레슬링을 잘했다.**

▲ 기원전 427년~기원전 347년 ▲ 출신지: 그리스 ▲ 대표 저서: 《국가》

대체 국가란 무엇일까? 우리는 태어날 때부터 국가에 소속되어 있고 당연한 것처럼 그 속에서 살고 있지만 잘 생각해보면 왜 국가가 존재할까? 그리고 우리의 국가는 앞으로 어디로 향할까?

철학사에서 처음으로 국가에 관해 깊이 생각한 철학자라면 역시 고대 그리스의 **플라톤**이다. 그 사실은 그가 쓴 책 제목을 보면 알 수 있다. 저서 제목이 《국가》이기 때문이다.

플라톤은 **이데아론**을 주장한 철학자로 유명한데, 이데아론이 무엇일까? 잠깐 다음의 그림을 보자.

보통 우리는 이 그림을 보면 "아, 삼각형 모양의 돌이네"하고 생각하겠지만 자세히 보면 미묘하게 삐뚤어져 있고 각이 없어서 엄밀한 의미에서는 삼각형이라 할 수 없다. 실제로 "이것은 '엄밀하게' 삼각형인가요?"라고 물어보면 "아뇨, 삼각형 같지만 엄밀한 의미의 삼각형은 아니지요"라고 대답

삼각형 같지만 엄밀한 의미의 삼각형은 아니다.

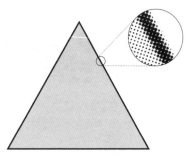
이것도 엄밀한 의미의 삼각형이 아니다.

할 것이다.

이 말은 다소 이상하게 들린다. 우리는 엄밀한 의미의 삼
각형은 아니라고 말하면서 '엄밀한 의미의 삼각형'이라는 것
을 실제로 한 번도 본 적이 없기 때문이다.

예를 들어 위의 그림같이 평소 우리가 생각하는 삼각형
도 일부를 확대해 보면 반드시 울퉁불퉁하게 보이기 때문
에 엄밀한 의미에서는 삼각형이라 할 수 없다. 이렇게 깔끔
한 모양의 삼각형이라도 "엄밀한 의미의 삼각형인가요?"라
고 누군가 묻는다면 "아뇨, 그렇지 않습니다"라고 대답할 수
밖에 없다.

그렇다고 해서 "그럼 엄밀한 의미의 삼각형을 보여주세요"
라고 묻는다면 곤란하다. 기하학적 정의로서 '완벽하게 엄밀
한 삼각형'은 원래 우리가 볼 수 있는 것이 아니기 때문이다.

잠깐 여기서 이야기를 간단히 하기 위해 삼각형 대신 '선線'으로 생각해보자. 기하학의 정의에 따라 '완벽하게 엄밀한 선'이 있다고 가정하자. 하지만 그 선은 우리의 눈에 보이지는 않을 텐데, 왜냐하면 엄밀한 의미의 선에는 폭이 없기 때문이다. 시각적으로 우리는 폭이 없는 것을 볼 수가 없다. 예를 들어 '——— (←이것)'은 얼핏 보면 '선'으로 보이겠지만 보인다는 시점에서 이것은 폭이 있는 것이기 때문에 '봉'이지 더 이상 '선'은 아니다.

결국 엄밀한 삼각형도 엄밀한 선이 세 개 모여서 만들어지기 때문에 엄밀한 선이 보이지 않는 이상 선이 모여 구성되는 삼각형도 보이지 않는 게 당연하다.

따라서 우리는 엄밀하게 완벽한 삼각형이나 엄밀하게 완벽한 선이라는 것을 실제로는 한 번도 본 적이 없다. 현실 세계에는 어딘가 삐뚤어지고 울퉁불퉁해서 불완전한 것만 존재한다.

하지만 우리는 '정의에 따른 완벽한 삼각형'을 확실히 이해하기 때문에 "엄밀한 의미의 삼각형인가요?"라고 질문을 받아도 "아뇨, 그렇지 않습니다"라고 답할 수 있다. 그럼 어째서 우리는 본 적이 없는데도 이상적으로 완벽한 삼각형이 무엇인지 이해하고 있을까?

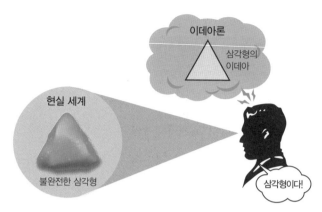

삼각형으로 인식할 수 있는 것은 배후에 있는 '삼각형의 이데아'를 보고 있기 때문이다.

이 의문에 대해서 플라톤은 매우 대담한 답을 내놨다. 그는 궁극의 이상적인 삼각형이 현실 세계와는 또 다른 세계에 진짜로 존재한다고 생각했다.

그는 또 다른 세계에 있는 '궁극의 이상적 존재'를 **이데아**라고 이름 지었다. 인간은 현실 세계의 불완전한 삼각형 같은 돌을 볼 때, 동시에 다른 세계(이데아계)에 있는 '궁극의 이상적 삼각형(삼각형의 이데아)'을 바라본다. 그렇게 '삼각형의 이데아'와 '현실의 돌' 둘 다 보고 머릿속에서 비교하기 때문에 "저 돌은 삼각형 같지만 엄밀한 의미의 삼각형은 아니야"라고 말할 수 있다고 플라톤은 생각했다.

본론으로 돌아가서, 플라톤은 국가에 관해서 어떤 식으

로 생각했을까? 실제로 플라톤의 국가 사상에는 이러한 이데아론이 깊게 관여한다.

본래 이데아론이란 궁극의 이상적 삼각형(삼각형의 이데아)이 어딘가에 진짜로 존재한다고 생각하는 방식이지만 물론 삼각형으로만 한정 짓는 이야기는 아니다. 인간이 머릿속에서 떠올리는 모든 개념, 예를 들어 '정의'나 '미' 같은 개념도 '궁극의 이상적 정의(정의의 이데아)'나 '궁극의 이상적 미(미의 이데아)'가 어딘가에 진짜로 존재한다고 생각했다. 그리고 플라톤에게 철학자란 이러한 '궁극의 이상적 무언가(이데아)'를 아는 것을 목표로 정하고 모든 인생을 걸어 추구하는 인간을 의미했다.

그는 국가가 지녀야 할 모습에 관해서 이와 같이 결론지었다.

"이데아를 이해할 수 있는 뛰어난 철학자가 왕이 되어야 하네. 또는 왕도 철학을 배워야만 해."

이것을 **철인왕 사상**이라 한다. 이데아, 즉 궁극의 이상이 무엇인지 확실히 이해하는 뛰어난 인간을 정점에 두고 국가를 운영해야 한다는 이야기다.

이러한 플라톤의 주장은 현대인인 우리의 관점에서 보면 민주주의에 반하는 사상이며 독선적인 독재정권과도 같은 인상을 준다. 플라톤은 왜 철인왕 사상을 주장했을까? 그 이유는 그의 스승인 소크라테스의 사형이라는 비극적인 사건과 큰 관련이 있다.

중우정치라는 비극

소크라테스는 플라톤의 스승이자 유명한 철학자지만, 실제로 소크라테스는 단 한 권의 책도 쓰지 않았고 그가 어떤 철학자였는지도 잘 알려져 있지 않다. 그러면 소크라테스가 위대한 철학자라는 오늘날의 일반적인 이미지는 어디에서 생긴 것일까. 사실 소크라테스의 이미지는 모두 플라톤의 저서에서 만들어졌다. 플라톤은 자신의 저서에서 철학 토론 대회 같은 이야기를 쓰고 대회에서 스승인 소크라테스가 당시 유명한 철학자들을 척척 논파하며 대활약하는 모습을 보여줬다.

그 정도로 플라톤은 스승인 소크라테스를 존경했으나 그 존경하는 스승이 사형 선고를 받는 비극이 고대 그리스 민주주의 정치체제에서 일어나고 말았다. 이 때문에 플라톤은 민주주의에 절망하고 그것을 뛰어넘는 이상적 정치체제인 철인왕 사상을 생각한 것이다.

하지만 솔직히 말해 아무리 소중한 사람이 사형당했다고 해서 민주주의에 반하는 정치사상을 주장했다는 것은 좀 이상하지 않은가? 현대인인 우리에게는 민주주의가 가장 공평하고 뛰어난 정치체제처럼 생각되기 때문이다.

아니다. 민주주의에도 큰 결함이 있다. 얼핏 보면 민주주의는 모두가 어떤 일을 결정하기 때문에 공평하고 타당한 국가 운영이 가능할 것처럼 보이지만 실제로는 민중 한 사람 한 사람이 국가라는 거대하고 복잡한 체계를 다 숙지하고 있지 않기 때문에 국가의 운영은 정치 전문가, 즉 직업 정치가에게 일임된다. 민중이 정치에 흥미를 느끼고 충분히 고민한 후에 뛰어난 정치가에게 투표한다면 좋겠지만 그렇지 않은 경우, 민중은 정치가의 사상이나 공약의 내용도 모른 채 '왠지 당당해 보여서, 지도자 자질이 있어 보이니까' 등의 이미지만으로 투표한다. 그렇게 되면 그럴듯하게 말하는 것만 잘하는 무능한 선동 정치가가 지지를 받아 국가가 점점 잘못된 방향으로 나아간다. 이러한 상태를 **중우정치**라 한다.

이러한 중우정치가 2000년도 훨씬 전인 고대 그리스 민주주의에서 일어났다. 이런 상황에서 나타난 자가 플라톤의 스승인 소크라테스다. 소크라테스는 말뿐인 선동 정치가들에게 "진정한 정의란 무엇인가?", "진정한 행복이란 무엇인가?" 하고 논의를 던지고 그들을 철저하게 무너뜨렸다.

원래 플라톤은 명문 가문 출신으로 정치가를 꿈꾸던 전도유망한 젊은이였지만 소크라테스의 토론을 듣고 큰 충격을 받았다. 그가 꿈꾸던 정치가들은 항상 "모두의 행복을 위해서!"라든지 "모두의 정의를 지키기 위해서!"라고 말은 하지만 소크라테스가 "그럼 진정한 행복은 뭐지?", "진정한 정의는 뭐지?"라고 물어보면 아무 대답도 하지 못했기 때문이다. 그리고 플라톤 역시 그 질문에 답변하지 못하는 자기 자신을 깨달았다. 그때 소크라테스는 모두를 향해 이렇게 말했다.

"그것 봐, 우리는 진정한 게 무엇인지 아무것도 모르지. 그렇기 때문에 토론과 대화를 해야 하네! 진정한 선이란 무엇인지, 진정한 정의란 무엇인지 함께 생각해보세!"

소크라테스는 세상 속 선동 정치가들처럼 아는척하지 않았다. 그는 그저 소박하게 '진정한 무언가'를 추구하자고 모두에게 주장했다. 그런 소크라테스의 행동에 플라톤을 포함한 젊은이들은 강한 충격을 받고 모두 그의 제자가 되기로 결심했다.

이렇게 소크라테스는 젊은이들의 카리스마적인 스승이 되어 일약 위대한 철학자로서 인기를 끌었지만, 그의 언동은 권력을 쥐고 있는 기존 정치가들의 분노를 샀다. 그로 인해 소크라테스는 젊은이들을 타락시킨 죄로 체포되고 재판에서 사형판결을 받은 것이다.

이것도 민주주의의 한 결과였다. 모든 것은 민중이 선택한 정치가들이 저지른 일이었다. 왜 저런 내용 없고 멍청한 정치가들이 국가의 중추를 차지했을까? 왜 민중은 그들의 본성을 간파하지 못했을까? 아마 이것이 민주주의의 한계일 것이다. 정치가의 연설을 들어봤자 그들의 능력이나 인격을 알 길이 없기 때문이다. 앞으로도 별 볼 일 없는 인간이 정치가로서 국가를 운영하게 될 가능성이 크다.

결국 소크라테스 선생이 말했던 '진정한 무언가'를 모르고, 또한 알고자 하지도 않는 인간이 국가를 운영하려는 것은 원래부터 잘못된 일이다. 진정한 정의, 이상적 정의, 궁극의 정의, 이러한 '진짜 정의'를 알고 있는 인간이 국가를 운영해야만 하는 것이다.

하지만 불완전한 생물인 인간이 '진짜'를 알 수 있을까. 게

다가 '진정한 무언가'가 존재하지 않을 가능성도 있다.

하지만 플라톤은 진정한 무언가가 존재한다고 믿었다. 인간은 엄밀한 의미의 이상적 선線(진정한 의미의 선)을 보지 못해도 그것이 뭔지 알고 있지 않은가. 안다는 것은 진정한 선이 존재한다는 의미가 아닐까. 그러면 인간은 국가가 지녀야할 진정한 모습(궁극의 이상적 국가 = 국가의 이데아)도 알 수있어야 한다. '진짜(이데아)'를 알고 있는 인간이 국가의 방향을 정해서 운영해야 한다!

플라톤의 철인왕 사상이 말한 대로 진짜를 아는 훌륭한인간이 과연 이 세상에 존재할까? 플라톤은 이런 답을 내놓았다.

"철인왕이 존재하지 않는다면 만들면 되네."

플라톤은 국가의 미래를 위해 재능 있는 어린이들을 한장소에 모아두고 영재교육을 해서 철인왕을 육성해야 한다고 생각했다. 그리고 실제로 그는 영재교육을 위한 학교 '아카데메이아'를 만들었다. 아카데메이아는 훗날 대학의 기원이 되는 교육기관이기도 하다. 가장 우수한 자가 철인왕으로선출되고 그 왕은 수호자로서 명예만을 보수로 삼아 국가의 번영을 위해 평생을 바친다.

그런데 플라톤은 철인왕에 의한 국가의 운영방법으로서 오늘날의 공산주의 체제, 즉 국민이 사유재산을 가지지 않고 국가(철인왕)가 모든 재산을 관리하여 모두에게 평등하게 분배하는 체제를 생각했다. 물론 철인왕도 일반적인 왕과는 다르게 사유재산을 가지지 않고 사치스러운 생활도 하지 못한다. 철인왕은 자신의 사리사욕이 아닌 이상을 추구하는 구도자여야 하기 때문이다. 그는 매일 '진정한 선이란 무엇인가(선의 이데아)', '진정한 행복이란 무엇인가(행복의 이데아)'를 철학으로 추구하고 국가를 위한 올바른 선택을 결단해 모두를 이끌어야 한다.

국가에서 모집한 우수한 어린이들은 철인왕이 되는 것을 꿈꾸며 철학을 배우고 '진짜'를 아는 인간이 되고자 자신을 갈고닦는다. 그리고 눈을 반짝이며 이렇게 외친다.

"내가 철인왕이 된다!"

국가는 부패와 혁명을 반복한다

만학을 연 초대형 거인 **아리스토텔레스**

필살기

논리학

알렉산더 대왕이 즉위하기 전에 그의 가정교사였다.
알렉산더가 왕으로 즉위한 후에는 궁정을 떠나 자신의 학교
류케이온을 열고 제자들과 토론했다.

▲ 기원전 384년~기원전 322년 ▲ 출신지: 그리스 ▲ 대표 저서: 《형이상학》

플라톤은 이데아론에 근거해 철인왕에 의한 국가체제, 즉 '뛰어난 자(엘리트)의 정치'를 만드는 데 힘썼다. 하지만 그런 플라톤의 사상에 이의를 제기한 자가 철학사에서 거인으로 불리는 대철학자 **아리스토텔레스**다.

원래 아리스토텔레스는 플라톤이 만든 학교인 아카데 메이아의 학생으로, 플라톤의 제자였다. 플라톤 학교에서 가장 우수했던 그는 말하자면 가장 철인왕에 가까운 인물이었다. 하지만 그는 스승인 플라톤에게 반기를 들고 이데아론에 관해 이런 질문을 던졌다.

"이데아가 정말 있을까? 있다는 건 어떻게 확인할 수 있지? 만약 이데아가 정말로 있다고 해도 그게 대체 무슨 도움이 되는 걸까?"

아리스토텔레스가 말한 대로 플라톤의 이데아론은 현실 세계와는 다른 '다른 차원의 세계(이데아계)'가 있고 그곳에 삼각형의 이데아 등이 존재한다고 상정한다. 하지만 그런 이데아의 존재를 어떻게 증명할 수 있을까?

먼저 결론을 말하면 증명하는 것은 불가능하다. 결국 이데아란 현실 세계의 존재가 아니기 때문에 만약 있다고 해

말 고유의 특징을 보고 '말'이라고 인식한다고 생각하는 게 타당하다.

도 우리는 "그래, 이것이 이데아구나" 하고 손에 쥘 수도, 볼 수도 없다. 어차피 이데아는 있을지도 모른다고 머릿속으로 생각할 뿐인 증명할 수 없는 허황된 이야기에 불과하다.

또한 정말로 이데아가 있다고 해도 대체 무슨 도움이 될까? 역시 아무 도움도 되지 않는다.

예를 들어 이데아론에 따르면 현실의 말을 볼 때, 우리는 다른 세계(이데아계)에 있는 '말의 이데아'도 동시에 바라보고 거기에서 말의 이미지를 받아들인다. 결국 인간이 이데아를 매개로 한 구조를 통해 세계를 인식한다고 상정해봤자 뭔가 새로운 이해가 얻어지는 것은 아니다. 말을 보고 말이라 생각했다는 것 이외에 어떤 변화도 없기 때문이다.

이데아론은 '현실의 말'로 끝날 이야기를 '말의 이데아'라는 쓸데없는 것을 끌고 와서 괜한 설명을 늘어놓고 있을 뿐이다. 아리스토텔레스는 플라톤의 이데아론을 무의미하게 이야기를 두 배로 늘려놓을 뿐이라고 평가하고 비판했다.

아리스토텔레스는 이데아를 끌고 오는 것보다 현실의 말을 유심히 관찰해서 다리가 네 개라든지 갈기나 발굽이 있다든지 말 고유의 특징을 많이 모아서 말이 어떠한 것인지를 명확히 정의하는 편이 오히려 도움이 된다고 생각했다. 실제로 우리가 말을 보고 '말이구나' 하고 생각하는 것은 사족보행에 갈기와 발굽이 있고 얼굴이 긴 특징을 가진 동물을 여러 번 보고 나서 말이라는 이미지(추상화한 인상)를 떠올린다고 설명하는 편이 타당하다. "말을 말이라고 생각하는 것은 말의 이데아가 있기 때문이다!"라고 주장하는 것보다 "우리가 말이라 부르는 저 녀석은 어떤 특징을 지니고 있을까? 자세히 관찰해서 그 특징을 정리해보자"라고 말하는 편이 오히려 건설적이라고 아리스토텔레스는 생각했다.

아리스토텔레스는 천문, 기상, 동물, 식물, 지구 등 모든 것의 특징을 관찰했다. 그리고 추출한 특징을 체계적으로 분류하고 정리함으로써 세계를 파악하고자 한 학문인 자연과학을 시작했다. 현재 천문학, 기상학, 동물학, 지구 등의 학문은 모두 아리스토텔레스에서 시작됐으며 아리스토텔레스가

만학의 시조라 불리는 연유도 여기에 있다.

덧붙여 돌고래는 바다에 살지만 아기에게 젖을 주는 행동 때문에 돌고래를 물고기가 아닌 말과 같은 포유류로 분류한 것도 아리스토텔레스였다. 만약 플라톤처럼 "진정한 의미의 돌고래는 무엇일까? 돌고래의 이데아를 알아내 돌고래를 이해하자"라는 태도로 임했다면 돌고래가 포유류라는 것도 알 수 없었을 것이다.

이런 식으로 아리스토텔레스가 이데아론을 비판하고 이데아의 존재와 유용성을 부정하자 플라톤의 철인왕 사상은 근본부터 무너졌다. '궁극의 이상(이데아)'이 확실한 실체로서 존재하지 않고 인간이 만들어낸 공상 속 산물에 불과하다면 이데아를 이해할 수 있는 철인왕 따위는 애초부터 존재하지 않는다는 엄청난 결론이 도출되기 때문이다.

플라톤이 말한 대로 민주주의를 그만두고 철학자를 왕으로 추대해서 정치를 한다고 해도 이데아, 즉 추구해야 하는 '진정한 이상'이 존재하지 않는다면 결국 단순히 왕이 멋대로 정치를 실행할 뿐이라는 이야기가 된다. 그뿐만 아니라 있지도 않은 이상을 내걸고 자신만이 볼 수 있다고 주장하는 독선적인 인간이 국가의 모든 실권을 잡기 때문에 오히려 위험한 상태가 된다. 왕의 정치가 잘 되지 않아도 아무도 반론할 수 없기 때문이다.

"나만이 볼 수 있는 이데아에 따르면 이렇게 해야 해! 궁극의 이상(이데아)을 볼 능력이 없는 범인凡人들은 가만히 있어!"

플라톤의 정치는 한 걸음 삐끗하면 독재자의 폭주라는 최악의 상황을 초래한다. 이데아론을 부정하는 현실주의자 아리스토텔레스의 입장에서 보면 플라톤의 철인왕 사상은 그저 이상론에 불과했다.

세 가지 정치체제

그러면 아리스토텔레스는 어떤 국가(정치체제)가 좋다고 생각했을까? 아리스토텔레스는 이 질문에 대해서 "이 정치체제야말로 최고다!"라고 자신의 신념만을 주장하지 않고, "어떤 정치체제가 있을 수 있을까. 그리고 각각 어떤 특징을 가지고 있는지 우선 분석해보자"라고 말하며 학문적인 방법으로 몰두했다는 점에서 위대하다. 그는 국가의 정치체제는 다음과 같이 세 종류로 분류할 수 있다고 생각했다.

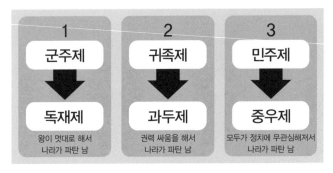

1	2	3
군주제	귀족제	민주제
⬇	⬇	⬇
독재제	과두제	중우제
왕이 멋대로 해서 나라가 파탄 남	권력 싸움을 해서 나라가 파탄 남	모두가 정치에 무관심해져서 나라가 파탄 남

어떤 정치체제든 언젠가는 부패한다.

① 군주제(한 명의 왕이 지배)

② 귀족제(소수의 특권계급이 지배)

③ 민주제(모두가 지배)

보다시피 직감적으로 알기 쉽고 명쾌하게 분류한 방법이다. 각각의 정치체제는 지배자의 수가 다를 뿐이다. 또한 정치체제의 장점뿐만 아니라 '부패하면 어떻게 될까'라는 최악의 경우까지 명확히 설명한 것도 매우 흥미롭다.

아리스토텔레스는 이렇게 설명한다.

"군주제는 독재제가 되기 쉽고 귀족제는 과두제가 되기 쉽고 민주제는 중우제가 되기 쉽네."

군주제는 지배자가 한 명이기 때문에 빠르게 정치적 결단을 내릴 수 있다. 가장 높은 위치의 왕이 우수하다면 국가가 훌륭하게 발전한다는 장점도 있다. 하지만 지배자인 왕이 권력에 취해서 독재자가 되면 그의 독재를 멈출 구조가 없기 때문에 국가는 어쩔 수 없이 파탄에 이른다.

귀족제는 지배자가 여러 명이기 때문에 권력이 분산되어 독재자가 생길 위험이 적다는 장점이 있다. 하지만 지배자인 귀족들이 타락하면 파벌 싸움이나 권력 투쟁이 과열되어 가장 중요한 정치를 소홀히 하기 때문에 국가는 어쩔 수 없이 파탄 난다.

민주제는 모두가 국가를 지배하기 때문에 잘하면 가장 공평한 정치적 결정을 이룰 수 있다는 장점이 있다. 그러나 지배자인 대중이 타락하면 모두가 정치에 무관심해져서 대중 감정이나 분위기만으로 정치적 결정(투표)이 이뤄지고, 무책임한 선동 정치가의 말대로 되기 때문에 국가는 어쩔 수 없이 파탄에 이른다.

이처럼 아리스토텔레스는 정치체제에는 최선이 없고 모두 타락할 가능성이 내재한다고 과감히 생각했다.

또한 그는 정치체제가 타락한 국가가 파탄이 난 후 어떤 일이 일어나는지에 관해서도 사고를 진전했다. 정치가 부패하고 국가가 황폐해지면 무슨 일이 일어날까. 바로 '혁명'이라는 정치체제의 변화가 일어난다.

어떤 군주제 국가에서 뛰어난 왕의 지배하에 민중이 즐겁게 살고 있다고 하자. 그러나 그 왕의 자식들도 훌륭한 왕이 되리라는 보장은 없다. 확률적으로 대를 이어가다 보면 언젠가는 국가를 통치할 능력이 없는 인물이 왕이 될 것이다. 그리고 그 어리석은 왕에 의해 독재가 시작된다면 국가는 황폐해진다. 그렇게 되면 성난 민중들이 폭군을 몰아내자며 혁명을 일으키고 독재체제를 전복하려 할 것이다. 이렇게 독재체제는 타도되어 민주제에 자리를 내준다.

하지만 민주제가 되어도 일어나는 일은 똑같다. 처음에는 모두 진지하게 국가에 대해서 생각하지만 역시 부패가 생긴다. 아무도 책임을 지지 않고 귀찮은 일은 전부 직업 정치가에게 미루고 불평만 하며 스스로 아무것도 생각하려고 하지 않는 무책임한 중우제가 되어버린다. 아무리 국가가 황폐해지고 이대로 두면 위험함을 알고 있어도 누구도 나서지 않는다. 뭔가 해보려 해도 늦어버린 답답한 상황이 되어 국가는 더 이상 일어설 수 없게 된다. 그럴 때 홀연히 나타나는 자가 '영웅'이다. 영웅은 압도적인 카리스마와 행동력으로 혁명을 일으켜 중우제를 전복하고 국가의 실권을 잡는 데 성공한다.

그리고 영웅과 그 일족을 정점으로 하는 군주제가 시작된다. 이런 상황은 이후에도 계속 반복된다.

이런 식으로 아리스토텔레스는 어떤 정치체제든 최선을 지키는 노력을 하지 않고 부패하면 반드시 혁명이 일어나 다른 정치체제로 이행할 것이라 생각했다. 그리고 이러한 아리스토텔레스의 분석이 맞았다는 것은 역사가 증명하고 있다.

그는 기원전 아주 먼 옛날부터 국가(정치체제)가 어떻게 부패하고 어떤 식으로 변하는지 그 후 2500년 가깝게 전개될 역사를 전부 예측했다.

그리고 그로부터 2500년 후인 현재, 우리는 지금까지도 여전히 이 거인의 손바닥 위에서 역사를 반복할 뿐인지도 모른다.

국가란 공포를 이용한 안전보장 체계다

공포의 시대를 산 철인 홉스

필살기

사회계약설

그리스어·라틴어 외에도 수많은 언어를 통해 데카르트나 갈릴레오 등
동시대의 위대한 철학자나 과학자와 폭넓게 교류했다.

▲1588년~1679년 ▲출신지: 영국 ▲대표 저서: 《리바이어던》

이상을 추구하는 자로서 최고의 국가를 지향했던 플라톤과 현실적인 자로서 국가의 모습을 분석한 아리스토텔레스. 하늘을 가리키는 플라톤, 손바닥으로 땅을 가리고 있는 아리스토텔레스의 모습을 그린 라파엘로의 그림이 상징하는 것처럼 기원전 위대한 두 명의 철학자는 각자 다른 방향으로 궁극의 국가론을 전개했다.

그럼 여기서 소박한 의문을 제시해보자.

"왜 국가에는 '지배자'가 필요할까?"

플라톤은 이상적 지배자로서 철인왕을 상정했고 아리스토텔레스는 지배자의 수에 따라 국가를 분류했다. 다시 말해 플라톤과 아리스토텔레스 둘 다 국가에 지배자가 존재하는 것을 전제로 사고한 것이다. 이 전제는 대체 어디에서 온 것일까?

물론 국가에 지배자가 존재하는 게 당연한 것처럼 느껴진다. 하지만 당연한 것을 의심하고 존재의 이유를 묻는 것이 철학이다.

왜 국가는 '지배자가 존재한다'는 형식에서 성립하는 걸까? 17세기 영국의 철학자 **홉스**는 이러한 의문에 대해 국가

탄생의 구조를 포함해서 다음과 같이 설명한다.

"인간은 제멋대로에 극악하고 이기적인 생물이야. 따라서 그들을 방치해두면 욕망대로 이익을 찾아 서로 죽이기 시작할 거야. 인간은 무지막지한 살육에 종지부를 찍고 서로 공존하기 위해서 '가공의 지배자'를 만들고 국가라는 구조를 만들었네."

모두가 서로 다투지 않도록 지배자(국가)를 만들었다는 이야기다. 하지만 그렇게 주장해도 세계대전 같은 국가 간 전쟁의 비극을 경험한 우리의 관점에서는 "헐, 오히려 그 반대 아냐? 국가 같은 것이 있기 때문에 살육이 일어나는 게 아닐까?" 하고 생각할지 모른다. 이 점은 나중에 이야기하기로 하자.

어쨌든 홉스는 "**국가란 자기중심적인 인간이 서로 살육하지 않도록 자기 보존을 위해 만든 조직이다**"라고 정의했다.

사실 이러한 정의는 17세기라는 시대적 상황에서 보면 매우 충격적인 사고방식이었다. 긴 시간 동안 서양에서는 신(또는 대리인인 교황)이 특정 인간에게 왕의 지위를 승인하여 통치 권한을 부여함으로써 국가가 성립한다고 생각했기 때문이다.

그 시대에 왕이나 국가는 '신'에게서 유래한 신성한 존재였다. 그렇기 때문에 모두 왕을 따라야만 했고 자신의 목숨

을 희생해서라도 왕에게 충성을 맹세하고 온 힘을 다해야
하는 공통의 환상(상식)이 있었다.

하지만 현실의 왕들은 어리석었고 폭군이었다. 민중이 굶
어 죽어도 사치를 누리며 나라를 빚더미에 앉게 하는 등, 별
볼 일 없는 자도 많았다. 이러한 왕정정치를 2000년이나 이
어가면 아무리 순종적이고 참을성 강한 민중이라도 진절머
리가 날 것이다.

**"우리가 왜 국가와 저런 바보(왕, 황제, 장군)들에게 복종해야만
하는 거야."**

이런 불만에 대해서 이제까지는 "아니야, 그가 왕인 것은
하늘의 뜻이고 신이 결정한 일이야"라는 논리로 밀어붙였
다. 하지만 16세기경 기독교가 가톨릭과 개신교로 분리되면
서 80년 전쟁과 30년 전쟁이라는 장렬하고 피로 얼룩진 이
권 투쟁의 종교전쟁이 연일 이어지는 추태가 드러났다. 이렇
게 되자 더 이상 '신이 왕을 정했으니까 따르라'는 논리는 아
무 설득력을 얻지 못했다. 그리고 "자, 우리는 왜 국가를 따르
는 거지? 국가란 게 뭐야?"라는 당연한 의문이 생겼다.

이런 의문에 답을 던져준 자가 홉스였다. 홉스는 "그게 아

니야, 국가는 신에게서 유래한 것이 아니라 인간이 서로 공존하기 위해서 만든 인공물이야"라고 국가를 재정의했다. 이 정의를 **홉스의 사회계약론**이라 한다. 그는 어떻게 해서 이런 사회계약설이라는 생각에 이르렀을까?

우선 홉스는 국가의 정의를 처음부터 다시 생각하기 위해서 문명 이전의 원시 상태(자연 상태), 즉 아주 먼 옛날 국가가 아직 생기지 않은 시대를 생각해보기로 했다. 그리고 국가가 없고 누구도 권력을 가지지 않고 법률도 없는 상태에 인간을 방치하면 무슨 일이 일어날지 상상했다. 그러자 홉스는 "**인간이 자신의 생존과 이익을 위해서 서로 살육을 자행할 것**"이라는 결론을 내린다.

너무나도 비관적인 결론이라고 생각할지 모르겠다. 하지만 이것이 홉스의 인간관이었다. 그에게 인간은 성선설 같은 존재가 아니라 이기적이고 자신의 이익을 위해서라면 사람을 다치게 할 수 있는 잔혹한 생물이었다.

그렇게 생각하는 것도 무리는 아니다. 홉스가 살았던 17세기는 **종교전쟁**(실제로는 이권 다툼)으로 서로가 죽고 죽이는 비참한 시대였기 때문이다. 그가 비관적인 인간관을 가지게 된 것도 당연하다. 그는 저서 《시민론》에서 이와 같이 설명한다.

"인간은 타자에게 늑대에 불과하네."

홉스는 동종을 학살하는 늑대 같은 인류가 멸망하지 않도록 구하기 위해서는 어떻게 해야 할지, 어떻게 전쟁을 멈출 수 있을지 고민했다.

홉스는 비관적으로 생각할 수밖에 없었음이 틀림없다. 그에게는 다음과 같은 에피소드도 있었기 때문이다. 그가 태어나기 전 어머니의 뱃속에 있을 때 스페인 군이 영국을 갑자기 침공했다. 소식을 들은 그의 어머니는 너무 두려운 나머지 갑자기 산기를 느낀다. 그 때문에 홉스는 조산되고 위험한 미숙아 상태로 이 세상에 태어났다.

홉스는 전쟁의 공포로 인해 강제로 세상에 태어나자마자 생명의 위기와 싸워야 했다. 이런 일로 그는 훗날 '공포의 결과'라는 별명으로 불렸고, 자신도 "나는 전쟁의 공포가 낳은 아이"라고 입버릇처럼 말했다고 한다.

그런 홉스였기에 전쟁을 멈추고 전쟁의 공포를 극복하는 철학을 생각하는 것은 그의 숙명과도 같았다. 그는 평생에 걸쳐 전쟁과 인간끼리의 살육을 막는 방법을 깊이 생각했다.

그리고 그는 하나의 방법을 생각해낸다. 가상의 지배자로서 국가(왕)라는 절대적인 권력자를 만들어 국가(왕)에 모두가 복종하는 방법이었다. 이렇게 함으로써 그는 서로 무모하게 죽이는 무법상태를 피할 수 있을 것이라 생각했다.

인간은 서로 대등한 힘을 가지고 있기 때문에 서로 죽일 수 있다. 아무리 강해 보이는 상대라도 조용히 뒤로 다가가서 도끼로 머리를 내리치면 죽일 수 있고 자고 있을 때 목을 베어버리면 이길 수 있다. 그래서 인간은 자신이 죽지 않도록 선수를 쳐 상대방을 죽이려고 하는 것이다.

하지만 상대방이 거대한 괴물이라면 이야기가 달라진다. 예를 들어 하늘을 뒤덮을 정도로 거대한 '이형의 괴물'이 갑자기 나타나서 구름 사이로 무섭게 이쪽을 노려본다면 인간은 덜덜 떨며 넙죽 엎드릴 수밖에 없다.

같은 논리로, 살육자의 다툼을 멈추고 싶다면 아무리 애를 써도 이길 수 없는 거대한 괴물을 네리고 오면 된다. 그 괴물이 자신의 욕망을 위해 타자를 죽일 자유를 빼앗을 것이다.

인간은 국가라는 이름을 한 괴물의 억압 때문에 타자를 죽일 자유를 포기했다. 그리고 괴물은 인간이 자유를 포기한 보상으로 신변의 안전을 도모하는 것이다.

리바이어던

"타자를 죽이는 자유를 포기한 보상으로 안전을 얻는다. 다시 말해 국가란 개인이 자유를 포기해서 손에 얻는 안전보장 체계다!"

홉스는 《리바이어던》이라는 책에 이런 말을 썼다. **리바이어던**이란 성서에게 나오는 무서운 짐승의 이름으로, 절대적인 공포의 대상이다. 홉스는 리바이어던의 모습이야말로 국가의 본질이라 생각했다.

즉, 인간의 끝없는 파멸적인 욕망을 제한하기 위해 인간은 스스로 리바이어던(국가, 왕)이라는 가상 괴물을 만들어 그 괴물을 두려워하고 복종함으로써 어쨌든 서로 죽이지 않고 살아갈 수 있게 된 것이다. 이러한 안전보장 체계가 국가의 정체라고 홉스는 주장했다.

이 주장은 현대에도 통용된다. 이는 매우 합리적이고 본질적인 국가론이자 "왜 국가가 존재하는가?", "왜 국가가 절대적인 존재인가?"라는 문제에 지금까지 신의 이름으로 대응한 것에 명확한 설명을 부여했다.

그러면 왜 지금까지 인간끼리의 살육이나 국가 간의 다툼이 계속 일어난 것일까? 홉스의 사회계약설에 따르면 답은

《구약성서》에 등장하는 리바이어던

명확하다. '진정한' 리바이어던이 없었기 때문이다.

국가 간의 전쟁은 리바이어던 간의 전쟁이다. 각각의 리바이어던은 자신(자국)의 이익을 우선시하는 원리에 따라 행동하고 때로는 타자(타국)의 이익을 침해하고자 한다. 따라서 리바이어던은 언제 위기에 빠져 자신이 공격받을지 모르는 것을 두려워하며 태세를 갖춰 과도하게 무장하고 적대적으로 행동한다. 이는 결국 홉스가 분석한 '절대적 지배자가 없는 자연 상태에 있는 인간의 행동' 그 자체다.

그렇다면 리바이어던이 무서워하는 더 강한 리바이어던이 나타나면 다툼은 멈출 것이다. 그것은 결코 지금의 국가

연합UN 같은 강제력 없는 존재가 아니다. 모든 국가가 무서워하는 강제력을 띤 절대적 존재, 진정한 리바이어던이라는 존재가 나타나 모든 국가가 타자를 공격하는 자유를 포기할 때 홉스가 추구했던 진정한 평화가 찾아올 것이다.

　그 심장은 돌처럼 단단하고, 절구처럼 강하다
　그것은 철을 짚처럼, 청동을 썩은 나무처럼 본다
　지상에 그것과 대등한 존재는 없으며 두려움을 모르는 자로 만들어졌다
　그것은 모든 고귀한 자를 내려다보고 모든 긍지 높은 자의 왕이다

　종말의 짐승, 그 이름은 '리바이어던'*

★　일본 가수 사운드 호라이즌의 노래 〈The Beast of the Endness〉의 가사다.

국가의 주권자는 인민이다

문명사회를 비판한 성도착자 **루소**

필살기

인민주권

국내에서도 친근한 동요 〈주먹 쥐고〉는 루소의 오페라 작품
〈마을의 점쟁이〉가 바탕이 되어 유럽 각국에 퍼졌다.

▲1712년~1778년 ▲출신지: 스위스 ▲대표 저서: 《사회계약론》

"왜 국가(왕)가 존재하는가?"

"왜 국가(왕)에게 복종해야 하는가?"

이러한 의문에 홉스는 사회계약설이라는 합리적인 답변을 내놨다. 확실히 국가가 없으면 치안을 지키는 경찰도 없고 개인이 욕망대로 타자를 괴롭혀 폭력이 지배하는 살벌한 세계가 될 것 같다. 우리는 그런 무법천지의 세계를 피하고 평화롭게 살기 위해서 홉스가 말한 대로 "왕 만세!"를 외치며 기쁘게 왕에게 복종해야 한다.

만약 왕에게 복종하지 않는 자가 있다면 그 녀석은 모두의 평화를 저해하는 대역죄인이다! 그런 불경한 자는 바로 붙잡아 단두대 앞에 세워 참수형에 처할 필요가 있다. 왕은 '모두의 평화를 위해' 존재하는 절대적 지배자이기 때문이다. 게다가 민중은 왕에게 결코 거역할 수 없다.

지금까지 인류는 이런 식으로 왕에게 대적하는 자를 배제하고 몇천 년 동안 왕정국가라는 구조를 이어왔다. 그러면 이러한 왕정국가 안에서 모두가 행복해졌을까? 유감스럽게도 현실 역사를 볼 때 그렇지는 않다.

예를 들어 18세기 왕정 프랑스에서는 인구의 2퍼센트에 불과한 왕족과 특권계급이 사치를 누리는 한편, 민중은 빈

곤에 허덕이는 불평등한 상황이 벌어졌다. 98퍼센트의 민중이 내는 세금으로 성립한 국가에서 2퍼센트의 특권계급이 세금도 내지 않고 많은 연금을 타면서 유유자적한 생활을 보내고 있던 것이다.

이상한 일이 아닌가. 홉스에 따르면 인간은 상호 간의 평화를 위해서 국가를 만들었다. 하지만 이래서는 왕과 그의 측근만이 사치를 누리기 위해서 국가를 만든 것처럼 보인다. 그런 국가는 특권을 가진 소수가 시민에게서 세금을 효율적으로 착취하기 위한 착취 시스템에 불과하다.

그렇다고 이제 와서 민중이 국가를 포기하고 자연 상태(국가가 없는 상태)로 돌아갈 수는 없다. 홉스에 따르면 인간은 자연 상태로 돌아가면 서로 죽고 죽이는 파국 상황을 겪기 때문이다. 따라서 왕이나 주위의 특권계급이 세금으로 사치를 누리는 것은 어쩔 수 없는 일이라고 포기하고 눈 감아줘야 할지도 모른다.

인민주권

하지만 그때 프랑스의 철학자 **루소**가 홉스의 사회계약설에 반론하는 사상을 발표했다.

"아니야, 인간이 자연 상태로 돌아가면 서로를 죽일 거라니 말도 안 되는 소리지. 그런 일은 결코 일어나지 않아. 그 증거로 낙후된 시골을 봐. 모두 서로 사랑하고 도와주면서 살고 있지 않은가. 오히려 문명화된 도시에 사는 사람들이 서로 속이고 증오하며 살고 있어. 다시 말해 문명 이전의 국가가 없는 상태가 되면 인간이 서로 죽일 것이라는 홉스의 전제는 애초부터 틀렸네!"

루소의 인간관은 홉스와는 정반대였다. 그에 따르면 본래 인간은 국가가 없이도 서로 도와가며 살 수 있는 평화로운 생물이다. 하지만 지혜를 지닌 소수가 나타나 타자를 착취해서 편하게 사는 법을 배웠다. 그 때문에 국가나 신분 같은 구조가 생겼다는 것이다. 이러한 루소의 인간관에 따르면 국가는 인간에게 결코 필수적인 존재가 아니다.

그리고 만약 국가가 필수가 아니라면 민중은 국가(왕)에게 복종해야 한다는 홉스의 사회계약설은 완전히 다른 결론으로 귀결된다.

"대다수의 행복을 가져오지 못하는 국가는 해체하고 좀 더 나은 국가를 새롭게 만들면 되네."

다시 말해 왕에게 거역하고 혁명하라는 결론이다. 루소의 주장대로 인간에게 국가가 필수적이지도, 절대적인 존재도 아니라면 민중은 "나를 불행하게 만드는 국가 따위 필요 없어" 하며 국가를 포기할 당연한 권리가 있다. 일부러 자신들의 목을 죄는 국가를 따를 이유는 없기 때문이다.

반대로 왕이나 귀족에게는 모인 세금을 적절히 운용해서 민중에게 행복을 제공할 의무가 있다. 그들에게 부여된 지위나 특권 등은 타고난 것이 아니기 때문이다. 본래 세금은 모두를 위해서 쓰이는 것이며, 왕이나 귀족은 그것을 잠시 맡아두고 있을 뿐이다. 결코 그들이 멋대로 사용할 수 있는 소유물이 아니다.

결국 이러한 이야기에서도 알 수 있듯 민중은 국가(왕)가 없어도 살아갈 수 있지만 국가(왕)는 민중이 없으면 살아갈 수 없다는 결론이 나온다. 민중과 국가(왕), 둘 중 누가 주인이고 누가 진정한 권력자인지는 불을 보듯 뻔하다.

이러한 생각을 바탕으로 루소는 "진정한 권력자는 왕이 아니라 민중이다"라는 **인민주권**을 세상에 내놓았다. 그리고 국가(정부)를 "진정한 권력자인 민중에게 권력을 위임받은,

얼마든지 바꿀 수 있는 하나의 기관에 불과하다"라고 재정의했다. 기관이 무능해 제 역할을 하지 못하고 본래의 권력자인 민중을 위해서 일하지 않는다면 권력의 위임을 취소하고 해고해버리면 된다고 생각했다.

루소가 이러한 주장을 했던 시기는 여전히 왕이나 귀족 같은 특권계급이 국가를 지배하고 강권을 흔들던 시대였다. 그렇기 때문에 루소의 주장은 상당히 용기가 필요했다. 실제로 루소는 이런 과격한 발언이 원인이 되어 체포령이 내려지고 스위스로 망명한다.

이 정도의 반골 정신으로 국가 권력에 대항한 루소가 매우 훌륭한 인간이라고 느껴질지도 모르겠지만, 사실 그는 엉망인 인간이었다.

루소의 대역전 인생

원래 그는 별 볼 일 없는 예술가 지망생이었다. 애인 사이에 낳은 다섯 명의 아이를 차례로 버리거나 부녀자 앞에서 엉덩이를 까 보이는 등, 품행 단정과는 거리가 먼 노출광에 형편없는 인간이었다. (엉덩이를 보인 사건으로 붙잡힌 것에 대해서 그는 "이렇게 하면 그녀들이 엉덩이를 때려줄지도 모른다고 생각해서……"라는 어이없는 변명을 한다.)

이렇게 엉망인 루소였지만 그에게는 한 가지 놀라운 재능이 있었다. 대중을 울리고 끄는 감상적인 문장을 쓸 수 있는 재능이었다. 하지만 그는 자신의 재능을 자각하지 못했던 듯하다. 그는 중년이 될 때까지 조각을 만들거나 음악을 하는 등 자신의 재능을 살리지 못한 채 각광받지 못하고 우울한 나날을 보내고 있었다.

하지만 40세 가깝게 나이를 먹은 어느 날, 그 앞에 지금까지의 인생을 180도 바꿔버린 굉장한 전기轉機가 찾아온다.

정말 대수롭지 않은 일시적인 생각이었다. 루소는 거리에서 본 논문 공모전에 자신의 작품을 응모해본다. 그 공모전의 주제는 '문명이나 과학의 발달이 인간의 생활에 어떠한 영향을 줄 것인가'였다. 때마침 과학의 성과가 모두의 생활을 풍요롭게 하는 데 큰 공헌을 하기 시작한 시대였기 때문에 아마도 많은 응모자들은 "인간의 지혜는 놀랍다! 과학은 굉장하다!" 하고 찬미하는 내용을 썼을 것이다. 그에 반해 루소는 "인간은 지혜 때문에 타자를 속이고 서로 다투는 것이다!"라고 정서적으로 호소하는 듯한 정반대의 내용을 썼다. 그 작품이 멋지게 수상하고 그는 일약 화제의 인물이 됐다.

오늘날로 말하면 무직에 도착적인 성벽을 지닌 40대 백수가 갑자기 문학 대상을 탄 것과 같은 일이다. 이 수상을 계기로 루소의 인생은 역전 상황에 돌입한다. 그는 계속해서 히트작을 쓰고 민중에게 절대적인 지지를 받는 작품을 내놓았다.

루소는 다섯 명이나 되는 아이를 만들고서는 모두 버린 주제에 《에밀》이라는 교육론과 관련된 책을 썼다. 아이러니하게도 그 책의 내용은 매우 뛰어나 현재도 교육계의 필독서로 꼽히고 있으며, 루소는 교육학의 아버지로까지 칭송받고 있다. 현실의 루소는 완전히 교육자 실격임에도 불구하고 말이다.

하지만 루소가 그렇게까지 평가받을 수 있던 것은 역시 나름대로 이유가 있다. 일반적으로 교육론 책이라고 하면 '아이의 교육은 이렇게 해야 한다' 같은 제목이나 이론이 죽 쓰여 있을 뿐이어서 읽으면 졸음이 오는 책이라는 인상이 있다. 하지만 루소의 손을 거치면 전혀 다른 서적이 된다. 루소의 교육론 《에밀》은 어느 교사가 에밀이라는 이름의 소년과 만나 그 아이가 성장해서 결혼할 때까지 진행하는 교육과정을 이야기 형식으로 푼 책이다.

루소는 책 속에서 이렇게 이야기한다.

"불확실한 미래를 위해서 현재를 희생하게 만드는 잔혹한 교육을 어떻게 생각해야 좋을 것인가!"

이 책은 다 너의 장래를 위해서라며 지금 현재 아이로서 누릴 행복을 빼앗아 일을 가르치고, 빨리 어른으로 만들고자 하는 교육의 모순을 지적한다. 또한 루소는 근원적 교육의 문제점을 확실히 짚어 설명하고 에밀을 배려하면서 어떻게 해야 에밀이 행복한 유년시기를 보낼 수 있을지 고민한 것을 썼다.

"나는 에밀이 상처받지 않도록 신경 쓰는 짓은 하지 않을 것이다."★

교육론을 설명할 뿐만 아니라 독자를 의식해 정서적 연출을 더한 그의 책은 사람들의 마음을 흔들 수밖에 없었다.

덧붙여서 당시 왕비였던 **마리 앙투아네트**가 "빵이 없으면 케이크를 먹으면 되지"라는 엉뚱한 소리를 했다는 유명한 일화가 있는데, 아마도 그 이야기의 진원지는 루소인 것 같다.

★ 루소는 상처받지 않고 성장하는 것이 오히려 곤혹스러운 일이며, '상처받는 것'이야말로 무엇보다 배워야 하고 가장 필요한 경험이라 생각했다.

다양한 설이 있지만 실제로 그의 저서에 이 말이 나오기 때문이다.

어쨌든 인격적으로는 상당히 엉망이었던 루소였지만 그가 쓴 책의 재미는 뛰어났기 때문에 책을 통해 그의 사상이 민중에게 많이 알려졌다.

그러자 당시 권력자였던 왕 루이 16세와 그의 왕비 마리 앙투아네트는 곤란해졌다. 여태까지는 왕비 마리 앙투아네트가 아무리 궁정에서 낭비를 하든 호화로운 가면무도회를 열든 왕족이라는 이유 하나로 넘어갈 수 있었지만 루소의 인민주권 사상이 민중 사이에 퍼지자 더 이상 그럴 수 없었기 때문이다.

"국력이 기울고 모두가 가난으로 고통받는 시기에 저 바보 같은 왕비는 대체 무엇을 하고 있는 것인가!"

결국 민중은 분노한 나머지 왕인 루이 16세와 왕비 마리 앙투아네트를 체포해 재판을 열고 비료 운반용 마차에 태워 구경거리로 만든 다음 단두대에서 공개 처형했다.

이것이 바로 민중이 혁명을 일으켜 왕을 공개 처형한, 세계사의 상징적 사건인 **프랑스 혁명**이다. 하지만 혁명이 민중을 행복하게 만들었냐고 묻는다면 전혀 그렇지도 않았다. 지위나 재산과는 상관없이 모든 남자에게 선거권을 인정하는 민주적 개혁은 있었지만, 실권을 쥔 의회 사람들이 파벌 투쟁을 벌여 서로를 방해해 국가를 잘 제어할 수 없었다. 그 결과 프랑스는 내란을 겪고 다른 나라의 공격을 받아 엉망진창 상태가 된다.

그때 당당히 나타난 자가 영웅이자 전쟁 천재 **나폴레옹**이다. 그는 또 다시 혁명을 일으켜 화려하게 정권을 빼앗는다. 그리고 연전연승으로 적대 세력을 쓰러뜨리고 국가를 하나로 규합했다. 그러자 민중은 "나폴레옹 최고! 만세!" 하고 갈채를 보내고 결국 나폴레옹은 황제의 자리에 오른다. 이리하여 역사는 반복되고 인류는 진정한 인민주권을 알기까지 좀 더 기다려야 했다.

어쨌든 이 일은 제쳐두더라도 "국가란 공공의 이익을 제일로 생각하여 운영되는 민중을 위한 기관이다"라는 지금까지 이어지는 국가관을 민중에게 퍼뜨린 루소의 공적은 헤아릴 수 없을 정도로 컸다.

그리고 한 가지 교훈은 무직에 성도착자인 40대라도 인생은 알 수 없다는 것이다. 이런 사람도 훗날 역사에 이름을 남길 철학자, 사상가가 될 수 있기 때문이다.

ROUND

17

자신의 욕망대로 이익을 추구하라

시장 원리주의자의 원조 애덤 스미스

필살기

보이지 않는 손

국가의 역할을 국방·경찰·교육 등으로 최소화하고 경제활동에 대한
국가의 개입을 부정하는 입장(현재의 자유지상주의)의 원조다.

▲1723년~1790년 ▲출신지: 영국 ▲대표 저서: 《국부론》

루소가 유포한 인민주권 사상은 지금까지 부당하게 억압받았던 민중의 마음에 불을 지폈다. 그 결과 프랑스 혁명이 일어나 민중의 손으로 왕정이 무너지고, 그 후 몇 번의 혼란을 거쳐 최종적으로 오늘날의 민주주의 국가 시대로 이어졌다.

국가의 정치체제가 민주주의로 변하고 왕이나 귀족 같은 특권계급이 궁정에서 사치하지 못하게 된 것은 정말 다행스러운 일이다. 이번에야말로 국가는 모두의 삶을 풍요롭게 만드는 운영을 해야 한다. 그때 국가가 새롭게 생각해야 하는 문제가 **경제**였다. 인민주권의 국가, 다시 말해 모두를 위한 국가가 지향해야 할 이상적인 상태가 무엇이냐고 묻는다면 당연히 '모두가 풍요롭고 쾌적하게 사는 상태'일 것이다. 요컨대 모두가 경제적으로 성공해서 즐겁게 살 수 있는 넉넉한 돈을 지니고 아무런 방해 없이 사는 삶을 말한다. 그러면 어떻게 풍족한 삶을 살 수 있을까?

이 물음에 답하기 위해 **경제학**이라는 새로운 학문이 탄생한다. 그리고 경제학의 아버지라 불리고, 현대로 이어지는 경제사회의 흐름을 만든 인물이 영국의 철학자 **애덤 스미스**다.

애덤 스미스의 주장에서 재치 있는 부분은 인간의 자기중심적인 욕망, 다시 말해 돈을 벌고 싶다는 이기심이야말로 경제의 원동력이라고 파악한 점이다.

원래 서양은 기독교 사상의 영향으로 이기심이 기본적으로 나쁜 것이라 여겼다. 그래서 신에게 지위를 부여받은 특권계급이라면 몰라도 상인처럼 개인이 자신의 욕망을 채우기 위해 돈을 버는 일은 기본적으로 천한 일이었다. 이와 관련된 내용은 성서에도 확실히 적혀 있다.

"부자가 천국에 가는 것은 낙타가 바늘구멍을 지나가는 것보다 어렵다."

'낙타가 바늘구멍을 지나가는 것보다'라는 비유로 말하고 있지만 결국 "절대로 있을 수 없는 일!"이라 못 박는 것이다.

우리의 경우 '사농공상'이라는 순서로 직업 신분이 있었음을 생각해보면 알 수 있다. 본디 사농공상은 공자의 유교 사상으로, 동양에서도 '상업(자신을 위해 돈을 버는 사람)'은 '농업(모두를 위해 농사를 짓는 사람)'보다 신분이 낮은 사람으로 여겨졌다. 왜 장사를 멸시하는 사상이 동서고금을 막론하고 존재했을까? 바로 '상업 활동(이익 추구)'을 억제하지 않으면 아래와 같은 문제가 일어난다고 생각했기 때문이다.

• 개인인 상업이 너무 많이 부를 축적하면 권력자를 위협하는 존재가 될 수도 있다. (경제적 지배자의 탄생)

• 모두가 부자가 되고 싶다고 상업을 지향해 농업을 관두면 곡물의 생산량이 떨어지고 결국에는 모두가 굶어 죽어 국가가 무너질 것이다. (농업 붕괴)

이런 문제들만 생각해보면 이기적인 돈벌이에 열중하는 상업을 낮은 지위로 취급하고 멸시한 것은 매우 합리적인 일이었다.

신의 '보이지 않는 손'

"자신을 위해서 돈을 버는 것(이익추구)은 천한 행위이자 타락한 일이기 때문에 좋지 않다."

이것이 이전 세상의 상식이었다. 하지만 애덤 스미스는 이러한 상식에 대항해 아래처럼 주장했다.

"아니야, 더욱더 돈벌이에 치중해라! 그것이야말로 모두의 행복으로 연결되는 길이니까!"

여기서 잠시 애덤 스미스의 주장을 이해하기 위해 빵가게를 예로 들어 설명해보자. 빵가게는 무상으로 빵을 나눠주는 것이 아니고 당연히 돈을 벌기 위해 가격을 설정하기 때문에 빵가게의 활동은 이른바 개인적 욕망을 충족하려는 이기적 경제활동이라 할 수 있다.

그러면 빵가게의 활동은 멸시받아야 할까? 그렇지 않다. 빵가게는 빵을 정기적으로 공급해서 모두를 만족시키는 풍족함을 제공하기 때문이다. 그렇게 생각하면 이기적인 경제활동은 결코 나쁜 것이 아니라 오히려 타자의 행복으로 직결되는 훌륭한 활동이라 할 수 있다.

그런데 빵가게가 개인적인 욕망을 키워서 더 돈을 벌려고 빵의 가격을 점점 올리면 어떻게 될까? 모두 울면서 비싼 빵을 사고 세상은 이 빵가게 주인의 지배하에 있게 될까?

전혀 그렇지 않을 것이다. "그런 비싼 빵 안 사 먹으면 되지!"라는 단순한 이유도 있지만, 가장 큰 이유는 빵가게가 그렇게 돈을 많이 버는 직종이라면 누군가가 똑같이 다른 빵가게를 시작할 것이기 때문이다.

여러 개의 빵가게가 존재하면 당연히 경쟁이 시작된다. 높은 가격을 매기면 상대방 가게에게 고객을 빼앗기기 때문에 서로 적당한 수준의 가격을 매기고 상대방보다 맛있는 빵을 만들려고 노력도 한다. 이렇게 경쟁은 좋은 방향으로 움직이게 만들어 맛있는 빵이 적당한 가격으로 공급되는, 모두에게 행복한 구조를 만든다. 애덤 스미스는 이익을 추구하는 것을 아래와 같이 표현했다.

"개인이 자신의 욕망대로 이익을 추구해도 반드시 '보이지 않는 손'에 이끌려 사회 전체의 이익으로 연결되는 결과가 나올 것이네."

결국 시장에는 '경쟁'이라는 원리가 있기 때문에 개인이 이익을 추구해 돈벌이에 열중해도 ('보이지 않는 손'에 이끌려) 당사자들이 전혀 의도하지 않은 올바른 방향으로 공공의 이익이 창출된다.

"그러니까 만족하지 말고! 욕망에 따라 자신의 이익추구를 따져라!"

이러한 애덤 스미스의 주장은 이기심은 나쁘고 돈벌이는 천하다는 세상의 상식을 깨고 모두의 마음을 뒤흔들었다.

18세기 초반, 때마침 산업혁명이 시작된 시기와 맞춰 애덤 스미스의 사상은 널리 퍼졌고, 모두 적극적으로 자신의 이익을 위해 장사나 사업을 시작했다. 이렇게 현대 자본주의 경제 형태가 완성됐다.

자본주의는 반드시 붕괴할 경제 체계다

세계를 뒤흔든 위대한 요괴 **마르크스**

필살기

공산주의

"철학자는 세상을 그저 다양하게 해석할 뿐이다. 그러나 가장 중요한 것은 세상을 변혁하는 일이다"라는 말로 유명하다.

▲1818년~1883년 ▲출신지: 독일 ▲대표 저서: 《자본론》

애덤 스미스는 자신의 욕망을 채우기 위해 열심히 돈을 벌라고 주장했지만 정말로 그래도 괜찮을 걸까? 모든 사람이 자신의 욕망대로 돈벌이에 몰두하면 세상은 엉망진창이 되진 않을까? 애덤 스미스는 보이지 않는 손이 움직여서 최종적으로는 모두가 행복해진다고 낙관적으로 말했지만 사실 그렇게 된다는 보장은 어디에도 없다.

보장할 수는 없지만 왠지 믿어도 괜찮지 않을까. 증거를 대자면 애덤 스미스가 제창한 것처럼 이기적인 경제사회, 이른바 '자본주의'를 실제로 채용한 국가는 모두 성공을 거뒀기 때문이다.

그도 그럴 것이 특권계급이 모든 부를 독점하던 여태까지의 신분제 국가와는 달리 자본주의 국가에서는 열심히 일만 하면 부를 얻을 수 있었다. 허름한 집에 살면서 엉성한 식사로 굶주림을 참고 견뎠던 신분 낮고 가난한 사람도 노력에 따라 따뜻한 옷, 맛있는 식사, 넓은 집, 게다가 차까지 손에 넣을 수 있게 됐다. 그렇기 때문에 열심히 노력하지 않을 이유가 없다. 모두들 "돈 벌자!"며 눈에 불을 켜고 일하게 된 것이다. 그 결과 국가의 생산성이 현격히 향상하고 상품이 넘쳐흐르는 풍족한 사회로 발전한 것은 이상하지 않다.

하지만 다른 한편으로 이러한 자본주의의 성공을 차가운

시선으로 바라보던 남자가 있었다. 그가 바로 독일 철학자 **마르크스**다. 그는 "자본주의 만세!"라고 외치는 세간의 분위기를 의심의 눈초리로 바라보고 홀로 조용히 "자본주의란 무엇인가?"라는 물음을 던졌고, 이렇게 결론 내렸다.

"자본주의는 모두를 불행하게 만드는 체계이기에 반드시 무너질 것일세."

그는 자본주의가 위대하다는 당시의 상식과는 정반대로 이야기한다. 마르크스의 자본주의 비판은 매우 합리적이고 설득력이 있었다. 비판의 요점은 "자본주의는 자본가가 노동자를 착취하는 불공평한 체계"라는 것이다.

자본주의란 무엇일까? 간단히 설명하면 부자(자본가)가 자금을 내어 회사나 공장을 만들고, 그곳에서 서민(노동자)들이 일하게 하고 급여를 주는 구조다. 여기서 문제는 "서민(노동자)이 노동으로 창출한 부(이익)는 누구의 것인가?"이다. 일한 사람은 노동자이기 때문에 노동자의 것이라 말하고 싶지만, 실제로 노동자가 얻을 수 있는 것은 노동으로 창출한 부(이익)의 극히 일부분에 불과하다.

결국 노동자가 아무리 열심히 일을 해서 거액의 돈을 벌

와하하! 웃음이 멈추지 않는군!

노동자에게서 착취한 가치 (잉여가치)

노동으로 만들어낸 가치(이익)

노동에 대한 가치(임금)

이렇게 일했는데… 고작 이것뿐이라니…

자본가

노동자

이익의 대부분은 자본가의 주머니 속으로……

어도 그에게 지급되는 것은 생활할 수 있는 정도의 임금에 불과하다. 그 이상으로 번 돈은 모두 자본가의 주머니 안으로 들어간다.

"자본주의는 자본가가 노동자를 착취하고 있는 구조야."

마르크스는 이렇게 지적한다.

그러나 이 지적이 옳다고 해도 노동자를 착취하는 게 그렇게 문제가 될까? 확실히 자본가가 노동자를 갈취해 웃고 있는 구도가 마음에 좀 걸리지만 노동자가 만족하며 살 수 있는 임금을 받는다면 그다지 문제될 것은 없어 보인다. 결국 노동자를 포함한 전원이 높은 수준의 생활로 행복하게 살 수 있다면 유복함에 다소 차이가 있어도 용납할 수 있을 것이다.

그런데 이 지점에서 마르크스는 그렇게 쉬운 문제가 아니라고 고개를 젓는다. 자본주의에는 착취하는 쪽, 즉 자본가끼리의 경쟁이 존재하기 때문이다.

예를 들어 가격 경쟁이 있다. 어떤 자본가가 경쟁 자본가에게 이기기 위해 지금까지 2000원으로 팔던 것을 1800원으로 파는 현상을 생각해보자. 똑같은 상품이라면 좀 더 싼쪽이 팔리기 때문에 경쟁자보다 조금이라도 싼 가격에 내놓으려고 하는 것은 당연한 일이다. 그런데 경쟁자도 가만히 있진 않는다. 저쪽이 1800원이라면 이쪽은 1700원으로 깎아 판다. 상대방도 지지 않으려고 가격을 깎는 것이다.

이렇게 서로 가격을 내리면 점점 이윤이 줄어든다. 그러면 노동자가 아무리 열심히 일해도 이익을 낼 수 없지만 자본가는 여전히 이익을 얻고 싶다는 생각을 한다. 그러면 이다음에 자본가는 어떻게 할까. 노동자의 임금을 깎거나 노동자에게 과도한 노동을 시키는 등 가장 낮은 위치에 있는 노동자를 혹사하기 시작한다.

즉, 돈을 벌고 싶다는 자본가의 개인적인 욕망이 노동자 모두의 생활을 힘들게 하는 결과를 부른다. 이는 애덤 스미스의 보이지 않는 손 이론에 대한 명확한 반론이다.

노동자의 생활이 힘들어지면 어떻게 될까? 원래 인류의 대부분은 자본가가 아닌 노동자다. 그리고 기본적으로 시장에서 물건을 사는 사람도 노동자다. 노동자의 임금이 낮아지거나 생활이 힘들어지면 당연히 그들은 시장에서 물건을 사지 않을 것이다. 산다고 해도 사치품은 가능한 한 피하고 허리띠를 단단히 졸라맨다. 즉, 물건이 팔리지 않는다.

물건을 만들어도 팔리지 않으면 당연히 기업의 이익 저하로 이어진다. 손익이 맞지 않는 기업은 인원을 감축하기 위해 많은 사람들을 자르고 실업자가 거리에 넘쳐흐르며 점점 시장에서 물건을 사는 사람이 줄어든다. 그러면 기업의 이익은 더욱 저하되는 악순환이 시작되는 것이다.

하지만 사회의 경제 상황이 악화되어도 맨 처음 고통을 당하는 사람은 반드시 노동자다. 자본가는 노동자를 자를 수 있지만 노동자는 자본가를 자를 수 없기 때문이다. 기업 경영 상황이 나빠지면 우선 약자 계급인 노동자가 해고된다.

일자리에서 쫓겨난 노동자는 생활을 위해 발품을 팔며 재취업 자리를 알아보고 어떻게든 직업을 찾으려고 한다. 하지만 어디에서 일을 시작하든 착취는 똑같이 일어난다. 착취하는 자본가가 바뀔 뿐이므로 착취당하는 구조는 아무것도 변하지 않는다.

마르크스는 이처럼 자본주의가 '자본가(부르주아지: 착취하는 쪽)와 노동자(프롤레타리아트: 착취당하는 쪽)'라는 새로운 신분계급을 만드는 체계라 해석했다. 그리고 자본가끼리의 경쟁으로 인해 경제가 파탄 나도 지배계급인 자본가는 변함없이 노동자를 부당하게 혹사할 것이기에 노동자는 반드시 단결해 자본가를 타도하려는 노동자 **혁명**을 일으킬 것이라 생각했다. 다시 말해 마르크스는 자본주의의 종언을 예언했다.

공산주의 사상

마르크스가 위대한 점은 단순히 "자본주의는 안 돼, 끝났어"라고 주장만 하고 그친 것이 아니라 "그러면 자본주의가 끝난 후에는 어떤 세상이 시작될 것인가. 어떤 사상에 기반한 국가여야 하는가"라고 붕괴 후의 세상에 관해 명확히 사고한 것이다. 그는 자본주의가 붕괴한 후의 차세대 사회 체계로 **공산주의**를 제창했다.

공산주의란 간단히 말하면 '모두와 재산을 공유해서 살자'는 사상을 말한다. 자본주의의 문제는 부자가 서민의 노동을 착취하는 구조에 있다. 부자는 돈을 가지고 자본가로서 더욱 재산을 늘릴 수 있지만 일반 서민은 수중에 돈이 없기 때문에 평생 노동자로서 착취당할 수밖에 없다. 그 때문에 부자는 점점 부자가 되고 가난한 서민은 점점 가난해지는 방식으로 격차가 벌어지고, '자본가'라는 절대적으로 유리한 지배계급이 생긴다.

자, 그럼 이 문제를 어떻게 해결해야 좋을까?

간단하다. 국가가 자본가를 포함한 모두의 사유재산을 거둬들이면 된다. 모든 재산을 국가가 관리하고 그것을 각 개인에게 공평하게 분배하면 격차가 없는 평등사회가 될 것이다. 이렇게 하면 자본가의 연간 수익이 노동자가 평생 번 수익과 같은 말도 안 되는 사태는 일어나지 않는다.

가만히 듣고 있으니 과연 공산주의는 이상적인 평등사회 같다. 하지만 현실에서는 이러한 마르크스의 철학에 경도되어 탄생한 많은 공산주의 국가들이 이미 무너졌고, 공산주의는 역사적으로 실패한 사상으로 남았다. 예를 들어 레닌이나 스탈린은 마르크스의 철학을 신봉하여 소비에트 연방이라는 공산주의 국가를 만들었지만 결국 그들의 국가는 무너지고 이제는 더 이상 존재하지 않는다. 대체 무엇이 문제였을까? 다양한 원인이 있지만 여기서는 두 가지로만 간단히 설명하겠다.

우선 **평등이 거짓이었다**는 문제가 있다. 원래 공산주의 국가는 '모든 계급이나 차별이 사라진 평등사회'라는 이상을 내걸고 만들어졌지만 역시 국가의 실권을 쥐고 있는 공산당 관료가 가장 높은 지위에 있었다. 결국 관료라는 새로운 귀족 계급이 생겨났을 뿐이므로, "이상적 평등사회!"라든지 "특권계급을 없애자!"라는 말은 어차피 거짓에 불과했다. 그리고 귀족 계급인 관료는 자신의 사상에 따르지 않는 자를 탄압하는 공포정치를 했다. 관료는 비밀경찰을 조직해서 정부를 비판하는 자들을 계속해서 붙잡아 학살했다. 이렇게 민중은 비밀경찰에 떨면서 국가의 지시에 따라 묵묵히 자신의 역할을 완수하며 인권을 무시당하는 가혹한 생활을 견뎌야 했다. 공산주의 국가는 더 이상 이상적 평등사회가 아니라 형무소에 가까웠다.

결국 공산주의 사상은 노동자를 자본가에게서 해방하는 평등사회를 이룩하기는커녕, 노동자의 자유와 인권을 빼앗은 최악의 불평등 사회라는 추악한 결과를 초래했다.

두 번째는 **평등 때문에 의욕이 사라져버렸다**는 문제다. 왠지 '평등'이라는 말을 들으면 훌륭한 것처럼 생각되지만 과연 평등이 그렇게 훌륭한 것일까?

평등하면 경쟁에 의해 수입의 격차가 생기지 않기 때문에 아무리 열심히 일해도 수입은 똑같다는 결론이 나온다. 성실히 척척 일을 하든, 놀면서 슬슬 일을 하든 수입에는 아무런 변화가 없다. 이래서는 노동 의욕이 생겨날 턱이 없다. 실제로 공산주의 국가의 생산력이나 품질은 계속 저하되고 경제 상황은 악화 일로였다. 평등하다고 해서 반드시 모든 일이 잘된다고는 할 수 없었다.

이상적 평등사회를 제창한 공산주의 국가에는 위와 같은 문제가 있었지만, 좋은 면이 전혀 없었던 것은 아니다. 공산주의에서는 국가가 모든 부와 권력을 집중해서 관리하기 때문에 대규모 개발에 뛰어난 능력을 보였다. 국가가 우주 정거장이나 최강의 전투기를 만들자고 대대적인 방침을 내놓으면 얼마든지 재정을 사용하거나 나라 최고의 인재를 마음대로 모을 수 있었다. 실제로 소비에트 연방은 공산주의가 훌륭한 국가체제임을 선전하기 위해서 과도할 정도로 우주개발에 몰두하고 군비를 확충하는 데 열을 올렸다. 그리고 우주개발에서는 일시적이었지만 미국을 뛰어넘는 성과를 냈다.

자본주의의 강점

한편 공산주의는 마을 단위의 작은 개발에는 소홀했다. 정확히 말하면 작은 개발에서는 자본주의가 더 강한 면을 보였다.

예를 들어 길을 걸을 때 이렇게 생각해본 적이 있지 않은가?

"아아, 여기서 식당을 열면 반드시 성공할 텐데!"

이런 건 매일 같은 길을 걷는 개인이나 알 수 있다. 점심시간에 빌딩에서 많은 회사원이 나와 먼 편의점까지 도시락을 사러 가는 것을 보면 누구라도 그렇게 생각할 것이다. 자, 이럴 때 당신이라면 어떻게 하겠는가?

당연히 식당을 차려야 한다. 승부를 보는 거다. 빚을 져서 정식요리 식당을 열어 승부를 봐야 한다! 언젠가는 큰돈을 벌어 인생을 원하는 대로 살고 싶다고 생각하던 남자는 그러한 깨달음에 인생을 걸기로 결정한다. 그는 하찮은 노동자이기 때문에 부자가 되기 위해 안정적인 직장을 그만두고 자금을 대출해 정식요리 식당을 시작한다.

그랬더니 대성공이다! 그의 깨달음은 역시 정확했다! 번 돈으로 2호점, 3호점까지 사업을 확장해 정작 자기는 일을 하지 않고 살았다. 타인을 부리며 손가락 하나 움직이지 않고 큰돈을 벌게 된 것이다. 아르바이트나 직원에게는 월급 100~200만 원만 주고 자신은 매월 2000~3000만 원, 아니 그 이상의 수익을 벌며 사치스럽고 즐거운 생활을 한다.

이렇게 되면 좋겠지만……, 현실은 그렇게 녹록지 않다. 실제로 그가 정식요리 식당을 시작해보니 손님이 오지 않아 준비해둔 식재료가 쓸모없어져 쓰레기통에 버려야 했다. 그리고 그에게 남은 것은 막대한 빚뿐이었다. "반드시 돈이 될 거야! 나는 성공한다!"라는 마음으로 호기롭게 시작했지만 낙담은 헤아릴 수 없다. 그리고 이어지는 것은 빚투성이의 비참한 인생이다. 언제 목매 죽어도 이상하지 않을 것이다. 하지만 그것도 인생이다. 패배자는 모든 것을 잃는다는 사실도 자본주의에서는 당연하다.

여기서 확실히 해둘 것이 한 가지 있다. 그의 가게가 망한다면 그 장소에 식당이 필요 없었다는 사실이다. 반대로 망하지 않았다면 그 장소에 식당이 필요했다는 말이 된다. 다시 말해 현재 그 마을에서 살아남은 가게는 모두에게 필요하다는 증거다. 이것이 적자생존의 법칙이다.

요약하면 개인적인 야망으로 시작한 가게나 벤처기업이 매년 여기저기 생겼다가 감쪽같이 사라져버리는 것은 적자생존의 **최적화**最適化가 이뤄지고 있다는 사실을 나타낸다.

사람들의 인생을 건 최적화 덕에 마을은 "아, 이 장소에 이런 가게를 원했던 거구나" 하는 딱 좋은 느낌으로 효율적인 배치를 이룬다. 이런 식으로 자본주의는 최적화를 지향하는 힘이 있다.

그러면 공산주의 국가는 어떨까. 모든 가게는 국영으로 운영되기 때문에 자본주의처럼 인생을 걸어 필사적으로 생각하지는 않을 것이다. 게다가 성실히 임하건 그렇지 않건 급료는 변함이 없다. 그래서 적당히 행정 차원의 일로 가게 배치를 정하면 된다. 그러면 실정과는 맞지 않는 비효율적인 마을이 구성된다.

결국 '여기에 저런 가게를 만들어서 뭘 어쩌자는 거야'라는 생각이 드는 가게가 잔뜩 들어선다. 자본주의였다면 이런 가게는 바로 사라지고 좀 더 편리한 곳에 가게를 만들어 수익을 내고자 하는 사람이 나타나겠지만, 공산주의에서는 국영이기 때문에 비효율적인 가게라도 망하지 않는다. 그대로 자리를 차지하고 있을 뿐이다. 이리하여 세계 제일의 우주 로켓 기술을 지녔던 대국에서 고작 빵 하나를 추운 영하의 날씨 속에서 몇 킬로미터를 걸어 몇 시간을 기다려야 살 수 있는 말도 안 되는 사태가 일어난 것이다.

소비에트 공산당은 결국 스스로 불합리함을 인정해 파탄

을 선언하고 1991년에 해체한다. 공산주의가 내걸었던 '이상적 평등사회'는 역시 이상에 불과했을까. 공산주의 국가의 파탄으로 인해 "자본주의는 실패작이기 때문에 공산주의로 이행할 것이다"라고 말했던 마르크스의 철학도 설득력을 잃었다.

또한 마르크스가 예언한 자본주의의 붕괴도 일어날 듯 일어나지 않았다. 몇 번이나 불황과 대공황을 경험하면서도 자본주의 경제는 붕괴하지 않고 현재까지 살아남았다. 물론 다음에 찾아올 위기는 극복하지 못할지도 모른다. 또는 영원히 이대로 붕괴하지 않을 수도 있다. 결국 실제로 무너질 때까지 마르크스의 예언은 보류 중이다.

결론적으로 공산주의가 자본주의보다 훌륭하다고 증명할 수 없기 때문에 자본주의가 실패했으니까 공산주의로 바꾸자는 선택은 결코 정당하다고 볼 수 없다. 오히려 공산주의 국가를 실천하면 망한다는 것은 역사가 이미 증명했다.

물론 공산주의가 실패했다고 해서 자본주의의 문제가 해결되는 것도 아니다. 마르크스가 지적한 자본주의의 문제점은 아직도 남아 있다. 공산주의에 실패의 낙인이 찍히고 자본주의를 대신하는 체제를 누구도 생각하지 않는 이상, 우리는 자본주의 체제 속에서 살아갈 수밖에 없다. 그렇기 때문에 우리는 마르크스가 지적한 자본주의 문제를 확실히 받아들이고 어떻게 살아야 할지, 국가는 어떤 식으로 발전해야 하는지 진지하게 생각해볼 필요가 있다.

우리는 무엇을 위해 일할까?

그렇다면 우리는 대체 무엇을 위해서 일하는 걸까. 잠시 여기서 현대 자본주의 사회에서 노동이란 대체 무엇인지 생각해보자.

기본적으로 자본주의 사회는 소비경제를 말하지만 사실은 계속 성장해야 하는 가혹한 숙명을 짊어지고 있다. 간단히 말하면 회사가 매년 계속해서 새로운 상품을 개발하고 생산해야 하는 것과 같다.

이런 식으로 생각해본 적은 없는가?

"어째서 회사는 매년 신제품을 내놓는 걸까? 올해는 쉬고 작년과 똑같은 것을 만들면 좀 나을 텐데. 같은 상품을 만들면 개발비도 들지 않으니까 그만큼 가격도 내려갈 거고."

그렇지 않다. 자본주의에서 이런 속 편한 소리가 통할 리 없다. 실제로는 매년 신제품을 만들던 대기업이 올해는 신제품 개발을 멈춘다면 큰일이 벌어질 것이다. 정확히 말하면 엄청난 실업자가 나올 것이다.

본래 신제품을 만드는 것은 신제품을 기획하는 사람, 신제품의 설계도를 만드는 사람, 신제품을 제조하는 공장 기계를 만드는 사람, 그 기계에 들어갈 부품을 만드는 사람, 포장지 디자인을 만드는 사람 등, 많은 사람들의 노동이 필요하다. 따라서 기업이 "올해는 신제품을 만들지 않겠습니다"라고 말한다면 작년까지 신제품 기획을 했던 노동자들이 모조리 직장을 잃어버린다. 대기업은 살아남는다 해도 그 밑의 하청업체, 재하청업체, 마을 공장 등 힘 없는 작은 회사는 모조리 사라질 것이다. 겨우 1년간 새로운 상품 제조를 그만두는 것만으로 말도 안 되는 붕괴가 일어난다. 그리고 한번 잃어버린 것은 쉽게 되찾기 힘들다. 일 년 쉬고 내년에 다시 한번 우수한 인재를 뽑아 신제품을 만들자고 생각해도 그때는 때가 늦다. 지금까지 파트너였던 회사는 모두 도산하거나 잘돼도 경쟁사 밑으로 들어갈 것이다.

이런 이유 때문에 결코 멈출 수 없다. 헤엄을 멈추면 죽는 참치처럼 죽는 날까지 필사적으로 헤엄쳐야만 한다. 자본주의 사회라는 세계에서 회사는 새로운 물건을 계속해서 만들어야 하는 숙명을 지고 있다.

그럼에도 매년 획기적인 신제품 기획이 나온다는 보장도 없다. 그럴 때는 어떻게 해야 좋을까? 기존 제품에 개량의 여지를 남겨두는 것이 좋다. 지금까지의 문제점을 개선해서 보다 고성능 제품으로 신제품을 만들면 되기 때문이다.

하지만 시간이 지남에 따라 에어컨, 냉장고, 전기밥솥, 세탁기도 계속 개량되어 이제 더 이상 개선의 여지가 없다. 제품과 관련한 감각 있는 아이디어도 전부 소진되어버렸다.

그래도! 세탁기를 만드는 회사는 새로운 세탁기를 만들어야 한다! 전기밥솥을 만드는 회사는 새로운 전기밥솥을 만들어야 한다! 물론 더 이상 개량의 여지가 없고 좋은 아이디어도 더 이상 나오지 않는다. 그래도 유행, 새로운 키워드 등 무엇이든 상관없이 덤비고 본다.

예를 들어 퍼지 이론★이 학회에서 발표되면 퍼지식 전기밥솥이 생긴다. 음이온이 건강에 좋다는 속설이 퍼지면 음이온를 분사하는 에어컨을 만든다.

혹시 이런 식으로 생각하는 사람이 있을지도 모르겠다.

★ **퍼지 이론**fuzzy theory 퍼지는 '애매하다', '모호하다'라는 뜻으로 퍼지 이론은 애매하고 불분명한 문제들을 수학적으로 풀고자 하는 이론이다.

"음이온이 건강에 좋다는 게 과학적으로 증명되지도 않았는데 모든 회사가 그 속설을 받아들여 가전제품을 만들다니. 정말 바보 같아."

그렇지 않다. 회사 사람들이 바보는 아니다. 그런 것쯤은 이미 알고 있을 거다. 하지만 알아도 일단 끊임없이 기획해서 새로운 제품을 만들어야만 한다!

"어쨌든 올해는 음이온으로 버텨보자!"

필요도 없는 제품을 노동자는 열심히 만들어낸다. 모든 것은 자본주의 사회를 유지하기 위해서다. 마음 속 어딘가에서는 '어째서 이런 걸 만들어야 할까' 하고 의문을 품으면서도 필사적으로 계속 만든다.

하지만 열심히 제품을 만들어도 결코 자신의 물건이 될 수 없다. 노동자가 만든 물건은 전부 자본가의 것이기 때문이다. 제품을 팔아 얻은 수익의 대부분은 전부 자본가의 주머니 안으로 들어간다. 그럼에도 불구하고 노동자는 계속해서 노동한다. 신상품을 기획하고 열심히 제작한다. 생활을 유지하는 기술이 그것밖에 없기 때문이다.

그렇게 열심히 노동해 신제품을 만들다 보면 금방 내년이 다가온다. 또 신제품이 필요하다. 자, 어떻게 할 것인가. 지금

학회에서는 빵 반죽 변환★ 이론이 유행하고 있다고 한다. 그럼 더 이상 쓸 것도 없는데 빵 반죽 변환식 에어컨, 빵 반죽 변환식 세탁기, 빵 반죽 변환식 전기밥솥이라도 만들어볼까. 아, 더 이상 뭐가 뭔지 모르겠다.

"어쨌든 올해는 빵 반죽 변환으로 버텨보자!"

이렇게 일하는 동안 대공황이 찾아오고 임금도 깎였으며 게다가 무상 야근도 늘어났다. 노동에 투자하는 시간이 늘어났는데 생활은 점점 힘들어진다.

이상할 노릇이다. 왜 이렇게 되어버린 걸까. 컴퓨터 하나만 봐도 알 수 있듯이 현재 인류의 기술력은 놀라울 정도로 향상했다. 인간이 살아가는 데 필요한 것을 자동적으로 생산하는 능력도 이미 충분할 것이다. 하지만 한 번뿐인 인생 대부분의 시간을 쪼개서 자본가와 자본주의 경제를 유지하기 위해 계속 일해야만 하는 게 현실이다.

★ **빵 반죽 변환**Baker's transformation 초기조건에 따라 결과가 완전히 달라질 수 있는 현상의 예로서, 예측 불가능성을 의미한다.

노동의 가치

확실히 자본주의 덕분에 우리 생활은 풍요로워졌다. 하지만 실제로는 충분히 풍요로워졌다고 말할 수 없지 않을까. 생활을 윤택하게 하는 기술은 포화상태에 있다고 해도 과언이 아니다. 그렇다면 우리는 대체 무엇을 위해 일하는 걸까?

물건이 넘쳐나고, 생활필수품을 자동으로 생산할 수 있는 체계까지 고안한 지혜를 지닌 인류는 왜 매일 "돈 없어"라고 말하면서 인생을 노동으로 허비할까. 우리는 일하기 위해 태어난 걸까.

처음에는 생활을 풍요롭게 하기 위해서 자본주의 경제를 만들었을 텐데, 어느새 우리는 이 체제를 유지하기 위해 과도한 노동을 강요받고 있다. 주종관계가 역전된 상황이라 할 수 있다. 그리고 인터넷이 보급되어 네트워크상에서 싼 값으로 오락을 즐길 수 있게 된 지금, 솔직히 말하면 돈을 많이 벌 필요성도 없어졌다.

큰 집에 살거나 좋은 옷을 입고 좋은 차를 몰아 마을을 돌면서 여유를 즐긴다든지 먼 여행을 가는 것 등이 이전의 사치 방식이었다. 그러나 나갈 때마다 돈이 들었기 때문에 열심히 돈을 벌어야 했다. 하지만 지금은 집에서 컴퓨터로 인터넷을 한다든지 게임을 하는 것만으로도 얼마든지 시간을 보낼 수 있다. 텔레비전, 컴퓨터 게임, 동영상 사이트, 익명의 채팅 등이 매우 저렴한 오락거리다. 시골의 작은 방에서도 컴퓨터와 인터넷 회선만 있으면 문제될 것이 없다. 한 달에 며칠만 아르바이트를 해도 충분히 오락을 즐길 수 있다.

이런 상황에서 누가 열심히 일을 하겠는가. 열심히 일할 의지는 점점 더 없어질 것이다. 하지만 모두가 열심히 일해서 계속 성장하지 않으면 자본주의 사회는 붕괴한다. 이전에는 지위가 낮은 서민도 성공하고 사치할 수 있다는 욕망이 자본주의를 유지하는 원동력이었다. 하지만 요즘 세상에는 그렇게 고생해서까지 원하는 것은 더 이상 존재하지 않는다. 경제적 성공에 대한 욕망은 옅어졌다. "일하고 싶지 않다", "일하면 지는 것이라 생각한다" 하고 말하는 니트족★이 생긴 것도 전혀 이상하지 않다.

전혀 일을 하지 않는 니트족이 사회 문제가 되고 있고, 살기 위해서 필요한 정도만 아르바이트로 버는 사람도 점점 늘어나고 있다. 결코 요새 사람들이 타락해서도, 부모의 교육이 나빠서도 아니다. 니트족은 자본주의 사회의 성장이 포

★ **니트족** Not in Education, Employment or Training의 줄임말로 취업인구 가운데 일하지 않고 일할 의지도 없는 무직자를 뜻하는 말이다.

화상태에 이르렀기 때문에 **노동의 가치를 잃어버렸다**는 새로운 역사적 문제에 직면한 세대다. 그리고 몇백 년이 지난 후 인류가 우리 시대를 돌아볼 때 "그거 참, 그런 사람이 나올 수밖에 없었지" 하고 평가될지도 모르는 역사상 필연적인 세대다.

이런 시대를 살아가는 우리는 **노동의 가치**를 새롭게 바라보는 역사적 전환기를 맞이했다.

국가는 무엇을 하고 있는 걸까?

그러면 노동의 가치를 점점 잃어버리고 있는 세상 속에서 국가는 무엇을 하고 있을까? 결론부터 말하면,

"국가는 아무것도 하지 않습니다!"

이것이 질문에 대한 답이다. 현재의 국가는 '아무것도 하지 않는다'는 철학을 기반으로 운영되고 있다.

지금까지 책에서 소개한 것처럼 다양한 철학자가 'OO설'이나 'OO주의'를 주장했다. 정치가는 철학을 신봉하고 철학

을 기반으로 국가를 움직였는데, 이는 결코 과거에 한정된 이야기가 아니다. 현재의 정치가 역시 어떤 철학자가 주장한 '○○주의'를 바탕으로 국가를 운영하고 있다.

그렇다면 현재는 '어떤 주의'의 시대일까? 정치가는 어떤 주의를 기반으로 국가를 운영할까?

지금은 **신자유주의**를 신봉하는 시대다. 신자유주의란 무엇인가? '새로울 신新'을 이름 맨 앞에 붙였으니까 '신' 자가 붙지 않는 자유주의도 존재한다. 자유주의는 앞에서 설명했던 애덤 스미스의 철학을 의미한다. 다시 애덤 스미스의 주장을 떠올려보자.

"개인이 자신의 욕망대로 자유롭게 경제활동을 해도 최종적으로는 보이지 않는 손으로 인해 모두가 행복해질 것이네."

이러한 생각이 자유주의다. "모두가 자유롭게 원하는 대로 하고 싶은 것을 하면 된다고 생각해. 그러면 세상은 좋아질 거야"라는 사상이다. 이러한 애덤 스미스의 자유주의가 모습을 바꿔 현대에서 부흥한 것이 신자유주의다. 그러면 잠시 신자유주의에 이르기까지의 역사를 되돌아보자.

세계 시장은 애덤 스미스의 자유주의에 따라 모두 원하

는 대로 움직였다. 그러던 어느 날 세계공황이 일어나서 각국의 경제가 파탄 나는 큰 사건이 벌어졌다. 그러자 "자유롭게 시장을 방치해두니 위험하구나! 역시 국가가 제대로 감시하고 시장을 조절해야만 해!"라는 생각이 만연했고, 국가가 적극적으로 시장에 개입해서 경기를 조절하는 방향으로 각국의 사상이 급하게 선회했다.

경기가 나빠지자 국가는 세금을 왕창 사용해서 공공사업을 시작해 기업에 일자리를 제공하는 등의 경기대책을 추진했고, 결국 시장 경기가 안정되어 모두가 안심하고 일할 수 있는 평화로운 시대가 이어졌다.

그러나 이런 시대도 어느새 끝나버린다. 정부가 시장을 이끌기 위해 공공사업이라는 명목으로 세금을 시장에 계속 투입했지만 이런 사업은 행정 업무에 불과하다. 무계획적으로 공공사업을 추진해 적자가 나고, 수지에 맞지 않는 시설을 여기저기 짓거나 전혀 경제 효과가 없는 곳에 쓸모없이 돈을 투자하기도 한다. 나라에서 일자리를 수주하는 기업도 나라가 돈을 많이 가지고 있다고 해서 시세보다 높은 가격을 매긴다. 공무원은 공무원대로 자기 돈이 나가는 것이 아니기에 좋은 게 좋은 거라며 세금을 여기저기 쓴다. 이런 일이 반복되다 보면 국가가 시작했던 공공사업은 계속 실패한다. 적자가 나는 시설을 대량으로 만든 끝에 국가에 큰 빚만 남는다.

결국 국가가 통제를 해도 다양한 문제가 터져 경기가 잘 조절되지 않는다. 일본, 미국, 그 외의 다른 선진국도 국가 통제에 의한 경제정책이 실패했다는 걸 깨달았을 때, 이번에도 사상이 반대 방향으로 빠르게 치우쳤다.

"국가가 시장을 조절한다니! 역시 그런 쓸데없는 짓 하지 않는 편이 좋았어!"

이런 반성으로 '국가는 아무것도 하지 말고 시장은 자유에 맡기는 게 좋다'는 애덤 스미스의 자유주의 사상이 재평가받기 시작했고, 현대의 신자유주의가 시작됐다.

일본이나 미국을 시작으로 세계 각국에서 신자유주의가 국가 운영의 추세가 됐다. 신자유주의란 구체적으로 어떤 사상일까? 한 마디로 신자유주의는 시장의 일은 시장에 맡기고 모든 민간 기업에게 자유를 주자는 것을 의미하지만, 특별히 언급해야 할 점이 두 가지 있다.

규제 완화와 작은 정부

첫 번째는 **구조 개혁에 의한 규제 완화**다. 이 말을 듣고 금방 이해했을지도 모르지만, 다시 설명하자면 이는 일본의 고이즈미 내각이 진행한 정책이다. 구조 개혁은 그럴듯한 말로 치장되지만 결국 민간 기업을 제한하는 법률을 철폐하고 자유에 맡기자는 개혁을 의미한다. '구조개혁 = 모두가 자유롭게 장사할 수 있도록 법률을 바꾸자!'는 정책이다.

지금까지 국가는 "아니야, 아무리 그래도 그런 일을 허락하면 세상이 혼란해지기 때문에 제한해야 해"라는 취지의 법률을 여러 개 만들고 시장을 조율했다. 하지만 신자유주의로 인해 "더 이상 제한하는 것은 그만뒀습니다! 자유를 억압하는 법률은 철폐하겠습니다! 여러분 자유롭게 하고 싶은 대로 하세요!"라는 식으로 변해버렸다.

신자유주의는 택시 회사나 운송 회사의 설립과 관련된 제한 법률이나 파견사원을 보내는 회사와 관련된 제한 법률 등을 모두 철폐하자고 주장한다. 요컨대 '철폐'가 주요 골자다.

왜 만들어진 제한을 일부러 철폐하려 할까? 애덤 스미스의 보이지 않는 손을 믿기 때문이다. 애덤 스미스는 "시장은 개인의 욕망에 따라 자유롭게 두는 편이 좋다. 그렇게 하면 보이지 않는 손에 의해 반드시 모두가 행복해지는 결과가 나타날 것이다"라고 주장했다. 신자유주의 사상은 이러한 애덤 스미스의 고전적인 시장 원리를 기반에 둔다. 따라서 신자유주의를 신봉하는 사람들에게는 자유야말로 '선善'이며, 자유에 인위적으로 제한을 두는 것은 보이지 않는 손을 방해하는 행위이므로 '악惡'이다.

이런 연유로 고이즈미 내각은 구조 개혁을 단행해 다양한 규제를 철폐하고 모든 것을 자유롭게 했다. 하지만 그 결과는 어떤가?

택시 회사를 제한 없이 얼마든지 세울 수 있게 되어 작은 택시 회사가 마구 설립됐다. 그 결과 가격 경쟁이 시작되고 수익은 저하됐다. 더구나 택시 운전사는 과도한 노동 시간을 강요받으면서도 임금이 삭감되거나 전혀 돈을 벌지 못해 결국 많은 택시 회사들이 부도를 맞았다. 택시 기사들은 실업자 상태가 되어 추운 길거리에 내몰렸다.

또한 규제 철폐로 인해 파견회사가 많이 생겼다. 그 결과 기업은 정사원을 채용하기보다 회사 경영이 나빠지면 언제든지 자를 수 있는 파견사원을 대거 채용했다. 정사원 고용은 불황을 맞으면 마음대로 자를 수 없기 때문에 가능한 한 피한다. 이리하여 민간기업에 많은 파견사원이 흘러 들어오고 실제로 불황이 되면 한 번에 다 잘리는 비참한 사태가 필연적으로 일어난다.

원래 파견회사는 파견사원을 기업에 보내서 이윤을 얻는 업종이었지만 국가는 이를 중간착취 구조로 보고 쭉 규제했다. 하지만 파견회사도 신자유주의라는 미명하에 규제를 철폐하고 자유롭게 풀어줬다.

신자유주의에 대해 두 번째로 언급할 것은 **작은 정부**다. 지금까지 국가는 모인 세금을 사용해서 우체국이나 고속도로와 같은 공공사업을 운영했지만 이것도 신자유주의의 관점에서 보면 '국가가 해서는 안 되는 일'이었다. 공공사업은 민간기업이 시장에 개입할 자유를 저해하는 행위이기 때문이다. 따라서 국가가 지금까지 행정 서비스로서 해오던 공공사업은 전부 중지하고 민간기업의 자유에 맡겨야 한다는 것이다.

이것이 일본의 고이즈미 내각이 우체국 민영화를 강하게 강조했던 이유다. 모든 정책이 신자유주의 사상에 기반해 이뤄졌다.

이러한 설명을 통해 앞서 언급했던 결론의 의미를 이해할 수 있을 것이다. 국가는 우리에게 무엇을 해주었을까?

"국가는 아무것도 하지 않습니다!"

지금은 신자유주의를 신봉하는 시대다. 신자유주의에 입각해 국가는 자유로운 경쟁이 가능한 무대를 만든 후 아무것도 하지 않고 지켜보는 작은 기관이어야 한다.

국가가 만들어낸 것이 자유로운 경쟁 사회인 이상 무슨 일이 일어나도 모두 개인의 책임이 된다. 경쟁에 져서 빈곤에 빠져도 더 이상 국가는 책임지지 않는다. 국가는 제어하는 행위를 멈췄다. 제어하려고 했으나 큰 실패를 겪었기 때문에 이제는 좋을 대로 되라는 식으로 방향을 선회했다. 그리고 자유로운 경쟁 사회가 됐기 때문에 빈부 차이가 벌어지고 '승리자, 패배자'라는 말이 세상에 퍼졌다. 이는 신자유주의 시대에서는 당연한 현상이다. 일이 잘돼서 승승장구하는 사람과 일이 생각처럼 안돼서 실패하는 사람은 계속해서 생길 수밖에 없다.

국가도 그 정도의 혼란은 처음부터 예상하고 있었을 것이다. 실제로 고이즈미 내각에서도 당초부터 "고통을 동반한 구조개혁이다"라고 밝혔다. 즉, 갑자기 자유로워졌기 때문에 잠시 동안 시장이 혼란스러워지고 희생되는 사람도 나올 것이라는 의미로, 모든 일은 예상 범위 내에서 일어났다.

정부는 시장이 혼란스러워져도 어떻게든 될 것이라 생각했다. 개혁이 신자유주의 사상에 기반해 일어났기 때문에 이렇게 생각할 수 있었다. 처음에는 아무리 시장이 혼란스러워도 '보이지 않는 손'에 의해서 다시 안정되어 결과적으로 잘될 것이라 생각했다.

"그래도 보이지 않는 손이라면……. 보이지 않는 손이라면 분명히 어떻게든 해줄 거야!"

하지만 보이지 않는 손이라는 게 정말로 존재할까? 원래 보이지 않는 손은 단순한 신념이고 결코 과학적이지도, 이론적인 근거가 있는 것도 아니다. 이대로 아무것도 하지 않고 가만히 두면 정말로 좋은 쪽으로 이루어질까?

자, 그러면 이제부터 국가는 어떻게 될까? 이대로 신자유주의로 나아갈 것인가. 아니면 정권교체나 불황 등의 영향으로 "역시 국가가 제대로 제어해야 해!"라고 말하며 또 다시 반대 방향으로 진행될 것인가.

한 가지 확실히 해둬야 할 것은 모두가 값싼 오락에 만족해 노동의 가치를 잃어버린다면 신자유주의든 반反신자유주의든 제대로 작동하지 않을 것이라는 점이다. 신자유주의를 대체하는 '새로운 ○○주의'를 고안해야만 한다.

새로운 체제를 고안하는 것은 당연히 지금 이 시대를 살고 있는 우리의 역할이기도 하지만 그 사명을 완수할 가능성이 특히 높은 사람들이 존재한다. 경제를 유지하는 데에만 이용되어 과로로 몸이 망가진 사람들, 또는 심한 노동으로 사는 보람을 느끼지 못하고 결국 마음의 병을 얻은 사람들, 워킹 푸어, 패배자들, 백수 등, 이전 시대가 만들어놓은 사상 때문에 생긴 역사 문제의 소용돌이 속에 서 있는 사람들이다. 역사의 최첨단을 살고 있는 인간이다. 이들이 "국가란 무엇인가", "노동이란 무엇인가", "만족하며 행복하게 사는 것이란 어떠한 것인가"에 관해 진지하게 철학하고 '새로운 가치'를 만들어야만 한다. 그리고 이들이 만든 새로운 가치가 앞으로 문화·정치·경제 등 모든 분야에서 세상을 움직이는 방향키가 될 것이다.

지금 이 세상은 새로운 시대의 루소를 원하고 있다.

신의 '진리'

신이 죽었다는 건 어떤 의미일까?

[고대]

인간이 신에게 구원을 청했던 시대

에피쿠로스
예수 그리스도

[중세]

신학 vs 철학
살아남는 것은 어느 쪽인가?

아우구스티누스
토마스 아퀴나스

[현대]

신이 죽어도 살아가는 방법

니체

고대부터 인류는 신을 두려워하고 경외하며 다양한 종교를 만들었다. 하지만 실제로 신을 본 사람이 있을까? 성전을 펴면 얼마든지 기적을 일으키는 신의 모습을 볼 수 있다. 하지만 신의 기적은 항상 '신자의 기록' 속에만 존재했다. 그렇다. 신은 보호되고 있다! 그런 가운데 금기를 두려워하지 않고 '신'의 정체를 밝히고자 한 철학자가 나타났다. "신은 죽었다." 이 말은 대체 무슨 의미일까? 절대적인 선함을 믿을 수 없고 신 없는 시대를 살고 있는 현대인은 무엇에 의지하며 살아가야 좋을 것인가? 지금 철학자가 '신' 앞에 선다!

니체 vs 토마스 아퀴나스

신 같은 건 신경 쓰지 않아도 좋다

고귀한 혈통의 쾌락주의자 **에피쿠로스**

필살기

쾌락주의

30대 중반에 제자들과 함께 아테나이(아테네)에 '에피쿠로스의 화원'이라 불리는 작은 학교를 열고 자급자족의 공동 은둔생활을 시작했다.

▲ 기원전 341년경~기원전 270년경 ▲ 출신지: 그리스

신은 무엇일까? 니체의 "신은 죽었다"는 말은 매우 유명하지만 대체 무슨 의미인 걸까?

신과 관련된 철학은 고대부터 많이 있었지만 가장 오래됨과 동시에 가장 현대적으로 이야기한 철학자는 역시 **에피쿠로스**다. 에피쿠로스가 살던 기원전 300년경에는 뜻밖의 큰 사건이 벌어지고 있었다.

알렉산더 대왕이 침공을 벌여 세계 대부분의 국가가 붕괴됐다. 아리스토텔레스의 제자이자 혈기 왕성하고 젊은 왕인 알렉산더가 세계 정복이라는 야망에 빠져 강력한 군대를 조직하고, 모든 국가를 멸망시키고자 세계를 상대로 대규모 침략 전쟁을 개시한 것이다.

이제 막 평화의 시대로 접어들어 여유롭게 살던 고대 마을에 갑자기 밀려온 풍랑이었다. 알렉산더의 군대는 세계의 여러 나라를 순식간에 집어삼키고 차례차례 정복해갔다. 그 결과 그때까지 존재했던 국가의 대부분이 붕괴되고 유럽에서 아랍, 아시아까지 이어지는 거대한 하나의 제국이 세워졌다.

혼란의 시대. 고대부터 이어져 내려온 전통 있는 국가가 멸망하는 충격적인 사태에 사람들은 정신적 지주를 잃어버리고 불안감으로 고통받는다. 애국심이 얕은 현대의 우리는 상상이 가지 않을지도 모르지만 옛날 사람들에게 조국의 붕괴는 정체성의 붕괴이자 자아의 붕괴이고, 언제 미쳐도 이상하지 않을 정도로 충격적인 일이었다.

따라서 '이런 세상에서 불안에 압도되지 않고 행복하게 살아가기 위해서는 어떻게 해야 좋을 것인가?'를 주제로 삼은 철학이 적극적으로 이야기됐다. 그 결과 아래의 세 가지 학파가 생겼다. 여기서 각각의 학파를 소개해보고자 한다.

첫 번째는 견유학파大儒學派라고 불리는 **키니코스 학파**다. 이들은 세속적인 행복을 포기함으로써 진정한 행복에 도달하고자 한 학파다. 세속적인 행복은 돈이나 집 또는 지위 등 '무언가를 소유하는 것'을 의미한다. 하지만 이런 혼란의 시대에서는 언제 타자의 폭력으로 소유물을 빼앗길지 알 수 없다. 그렇다면 외적인 요인으로 인해 사라져버리는 세속적인 행복은 진정한 행복이라 할 수 없을 것이다. 이런 연유로 키니코스 학파는 이렇게 생각했다.

"애초에 아무것도 소유하지 않으면 돼!"

아무것도 가지지 않는다면 아무것도 빼앗길 것이 없다. 이런 상태에서 행복해진다면 누구도 빼앗을 수 없는 진정한 행복에 도달했다고 할 수 있다. 이리하여 키니코스 학파 사람들은 모든 소유물을 버리고 맨발에 누더기 한 장만 걸치고 구걸하는 생활을 보내면서 행복해지는 것을 꿈꿨다.

두 번째는 **스토아 학파**다. '스토익'의 어원인 **금욕주의** 학파를 뜻하는 이들은 이성을 중요시 여기며 규율에 따라 사는 것이 행복해지는 방법이라 생각했다. 하지만 이성을 어지럽히는 것이 욕망이다. 이성으로는 빨리 잠에 들어야 한다는 것을 알면서도 책을 계속 읽고 싶다는 욕망에 밤을 새우는 경우를 떠올려보자. 그때 이성이 욕망에 무릎 꿇지 않고 확실히 바른 행동(빨리 자는 것)을 선택한다면 아무 문제도 일어나지 않을 것이다. 스토아 학파는 이성이 쾌락을 얻고 싶다는 욕망을 확실히 제어한다면 안정되고 행복한 인생이 찾아올 것이라 강조했다. 따라서 욕망을 이기는 강한 이성을 만들기 위해 금욕적 수행을 하자고 주장했다.

그리고 마지막 세 번째 철학이 **에피쿠로스 학파**다. 창설자인 에피쿠로스가 주장한 행복한 삶은 매우 단순하다.

"기분 좋은 것을 하며 즐겁게 살자."

이 주장으로 알 수 있듯 에피쿠로스의 철학은 스토아 학파와는 정반대로 인간의 욕망을 긍정했다. 다만 에피쿠로스는 결코 "금욕 끝에 도달하는 경지 따위 누가 알 수 있겠는가! 행복해지고 싶다면 쾌락을 탐하라! 시도 때도 없이 탐하라! 쾌락을 마음껏 탐하라!"라고 주장하는 것은 아니라는 점에 주의해야 한다.

진정한 쾌락이란

에피쿠로스가 긍정한 쾌락이란, 굶주림, 갈증, 추위, 더위 등의 고통이 해결된 보통의 상태를 의미한다. 그렇기 때문에 일시적인 쾌락에 탐닉하라는 주장과는 전혀 다르다. 포식이나 과도한 수면은 그 순간에는 기분을 좋게 할지 모르지만 훗날 반드시 힘든 상황을 만든다. 이런 일시적인 쾌락은 에피쿠로스가 말하는 쾌락의 정의에 포함되지 않는다.

에피쿠로스가 말하는 쾌락은 자연적이고 검소한 것이다. 그는 자연적인 쾌락을 자연스럽게 충족하며 즐겁게 살자고 제안한다.

에피쿠로스가 말하는 행복해지는 방법은 매우 소박하고 당연한 것뿐이다. 그런 그의 철학에 비해서 키니코스 학파, 스토아 학파는 극단적이고 비인간적이라 할 수 있다.

키니코스 학파는 물욕을 버리기 위해 새 옷도 일부러 엉망으로 만들어 입는데, 그런 행위에 에피쿠로스 학파는 "그냥 평상시대로 입으면 되잖아"라고 말할 것이다. 스토아 학파는 아무리 작은 쾌락에도 마음이 흔들리지 않도록 금욕적 수행이라 칭하고 매일 인내심 대회를 했지만 이것도 에피쿠로스 학파가 보면 "무리하지 말고 평상시처럼 먹고 평상시처럼 자면 되는 거야"라고 말할 뿐이다.

기본적으로 에피쿠로스는 학교 교과서 등에서 **쾌락주의자**(또는 **찰나주의자**)라는 인상적인 단어로 소개되기 때문에 단어만 머릿속에 남아 일반적으로 오해를 많이 받는 철학자이지만, 실제로 그는 소위 말하는 쾌락주의와는 거리가 먼 인물이다.

또 한 가지 에피쿠로스와 관련된 유명한 명언으로 "숨어 살자"가 있다. 이 말을 '사람과 동떨어진 곳에서 조용히 혼자서 숨어 살자'는 염세적 사상으로 해석해서는 안 된다. 에피쿠로스는 결코 사람을 싫어하지 않았고 오히려 "영원히 끝나지 않을 궁극의 쾌락, 진정한 쾌락이란 우애(우정)를 말한다"라고 주장했기 때문이다. 그런 그가 타자를 피해서 혼자 산 속에서 살자고 말했을 리가 없다. 그의 말은 좀 더 상식적으로 "세속적인 일에 너무 깊게 관여하지 않도록 도시를 벗어나 시골에서 여유롭게 살자" 정도로 파악하는 편이 좋을 것이다.

그럼 에피쿠로스는 신과 관련해서 어떤 생각을 했을까. 그는 이런 노골적인 말을 한다.

"만약 세상에서 말하는 전지전능한 신이 있다면 그런 신이 일일이 사람들에게 신경을 쓸까? 전지전능한 신이 사람은 '이렇게 하면 안 돼, 저것을 먹으면 안 돼' 따위를 말할까? 그것보다는 신이 이러한 존재일 것이라 상상한 이미지를 강요하는 인간의 쪽이 오히려 벌을 받아야 하지 않을까. 그러니까 인간은 신 같은 것은 신경 쓰지 않아도 된다고 생각하네."

짧게 정리하면 "신이 존재할지도 모르지만 인간은 그런 것에 일일이 신경 쓰지 않아도 괜찮다"라는 의미다.

기원전 아주 옛날인데도 우리들이 상당히 좋아할만한 멋진 생각을 하고 있다. 적어도 맹신이나 광신도 같은 부류와는 상당히 먼 신에 대한 관념이다.

물론 당시는 신앙심이 깊은 시대였기 때문에 에피쿠로스의 말은 납득되지 못했고 많은 사람들에게 비판을 받았다. 하지만 이상하게도 에피쿠로스를 비판하는 사람들은 그의 철학이나 신앙 태도는 신랄히 비난하면서도 그의 인격은 매우 좋은 사람이라고 칭찬했다.

여기서 그가 "진정한 쾌락이란 우애다"라고 말한 부분을 떠올리자. 그렇다, 결코 말뿐인 이야기가 아니었다. 그는 타자를 배려하고 사람을 사랑하며 적조차도 따뜻하게 대우하는 삶의 방식을 실천했다.

에피쿠로스가 얼마나 우애를 소중히 했는지는 그가 임종을 맞이할 때 친구에게 남긴 편지를 보면 알 수 있다.

"뱃속의 병이 중해서 고통이 사그라지지 않네. 하지만 그럼에도 불구하고 자네와 지금까지 나눴던 대화를 추억으로 삼아 내 마음은 기쁨으로 가득 차 있네."

당시 대부분 사람들이 마음을 의지하던 국가, 조국이라는 절대적 가치가 붕괴한 세계에서 에피쿠로스는 타자에서 가치를 발견하고, 타자와 함께한 즐거웠던 추억만 있다면 죽는 고통조차 견딜 수 있음을 몸소 보여줬다. 인간의 자연스러운 욕망을 긍정하고 인생을 즐기면서 살았던 에피쿠로스는 그를 아끼던 친구들에게 둘러싸여 행복 속에서 숨을 거뒀다.

네 이웃을 사랑하라

사랑을 전파한 신의 아들 **예수 그리스도**

필 살 기

부활

나폴레옹은 "그리스도는 사랑으로 혼자 천국을 건설했지만 지금까지 그리스도를 위해서 죽은 사람들은 도대체 몇 명인가!"라고 말했다.

▲기원전 4년경~기원후 30년 ▲출신지: 팔레스티나

신자 수 20억 명이 넘는 세계 제일의 거대 종교, **그리스도교**.

이 종교 조직이 세워질 당시에는 요샛말로 하면 '이상한 신흥종교' 중 하나에 불과했다. 하지만 예수를 따르는 신자들의 뜨거운 포교 활동에 의해 지금과 같은 세계 종교로 발전했다. 많은 신자를 매료한 교조 예수는 대체 어떤 인물이었을까?

잠깐 그 이야기를 하기 전에 우선 그리스도교의 기원인 **유대교**에 관해 이해하고 넘어가자. 유대교는 이름대로 '유대 민족이 만든 종교'인데, 타종교와 다른 특징은 여러 명의 신이 아닌 이 세상을 창조한 전지전능한 '오로지 단 하나의 신'을 신앙 대상으로 삼는다는 점이다. 다시 말해 **유일신 신앙**이다. 그리고 유대교를 믿는 유대인은 "유일하고 절대적인 신과 계약한 것은 우리 유대 민족이기 때문에 세상이 끝나는 종말의 때에 구원받는 것은 선택받은 우리뿐이다!"라는 선민사상을 믿었다.

이렇게 들으면 유대교가 배타적이고 자기중심적인 종교라고 생각할지도 모르지만, 유대인의 역사를 알면 조금은 납득이 될 것이다. 유대인은 자기중심적인 종교를 만들지 않으면 살아갈 수 없을 정도로 불행한 역사를 걸어왔기 때문이다. 그들의 불행한 역사는 기원전 15세기경, 아주 먼 옛날에 시작됐다.

헤브라이라 불리던 땅에서 평화롭게 살고 있던 유대인은 어느 날 갑자기 쳐들어온 고대 이집트 군대에 의해 끌려간다. 그 후 200년 동안 노예 민족으로서 비참한 생활을 강요받으며 부조리한 비극에 휩싸인다. 모세가 중심이 되어 60만 명의 유대인은 이집트에서 도망치는 데 성공했지만 갈 곳 없던 그들은 40년 가까이 황야를 떠돌며 추격에 떠는 비참한 방랑 생활을 보내야 했다.

방랑 생활 속에서 그들은 현재의 유대교인 유일신 신앙에 눈을 뜬다. 그들은 '신이 선물한 규율(나 이외의 신을 섬기지 말라 등의 규칙★)'을 잘만 지키면 신이 자신을 구원할 것이라는 독자적 종교를 만들고 열렬히 믿었다.

종교에 의지하며 황야에서 살아남은 그들은 팔레스티나라는 '신이 준 약속의 땅'에 겨우 도달한다. 그리고 그곳에 고대 이스라엘 왕국을 건국했다. 하지만 순식간에 왕국은 북쪽의 이스라엘 왕국과 남쪽의 유대 왕국으로 분열되고 북쪽은 아시리아에, 남쪽은 바빌로니아에 멸망당한다. 나라를 잃어버린 유대인은 다시 노예로 끌려갔다.

★   하느님이 모세를 통해 이스라엘 백성에게 계시한 십계명을 가리킨다.

그들의 역사는 간단히 말하면 '끌려감 → 노예 → 어떻게든 도망침 → 비참한 도망 생활 → 드디어 자신들의 국가를 세움 → 멸망 → 다시 노예 생활'이라 할 수 있다.

그 후 유대인은 나라 없는 민족으로 타국에 들어가서 현지 사람들이 하지 않는 부정한 일을 하며 어떻게든 살아남았다. 그런 그들에게 유대교의 가르침은 얼마나 큰 구원이었을까.

유대인은 자기 민족의 불행을 이렇게 해석했다.

"이건 신이 내린 시련이야. 열심히 견디며 계속해서 신께 기도드리면 반드시 구세주가 내려와 우리를 구원할 거야."

이런 마음에 의지해 그들은 선조로부터 구전된 신이 정해 놓은 **율법**(무엇을 먹으면 안 되는지와 같은 생활 규칙)을 지키면서 이를 악물고 고난의 역사를 견뎠다.

구세주 예수

결국 그들의 소원이 하늘에 닿은 때가 찾아왔다! 스스로 구세주라 칭하는 인물, **예수 그리스도**가 나타난 것이다!

하지만 이 예수라는 인물은 사실 유대인의 입장에서 보면 전혀 생각지 못한 구세주였다. 본래 유대인은 신이 보내줄 구세주는 카리스마를 지닌 종교 지도자나 천재적인 군사 지도자일 것이라 생각했다. 그들은 굉장히 위대한 인물이 나타나 자기 민족을 규합하고 지금까지 자신들을 업신여긴 타민족과 적국 사람들을 내쫓아 진정한 유대 민족의 나라를 만들어줄 것이라 생각했다.

그러나 그들을 찾아온 구세주 예수는 이런 분위기를 전혀 읽지 못하고 다음의 말을 전했다.

"네 이웃을 사랑하라."

그렇다. 이 말은 매우 아름답다. 어떤 이의를 댈 수 없을 정도로 매우 훌륭하다. 하지만 아무도 이런 마음 착한 구세주를 원하지 않았다! 유대인은 방해하는 자들을 손가락 하나로 쓰러뜨릴 수 있다고 장담하는 구세주를 원했던 것이다. 그런데 예수는 이런 말까지 내뱉기 시작한다.

"네 적을 사랑하라."

그는 적을 쫓아내기는커녕 적을 사랑하라고 말했다. 유대인은 자신들을 때린 증오스러운 적을 신의 이름하에 복수하고 싶었다. 빼앗긴 웃옷을 되찾고 싶었다. 하지만 그들 앞에 나타난 구세주는 이렇게 말한다.

"오른뺨을 맞으면 왼뺨도 내밀어라."
"겉옷을 빼앗은 자에게 속옷도 내어줘라."

구세주 예수는 유대인들이 원하는 것은 단 하나도 주려고 하지 않았다. 더욱이 그는 무조건 유대인 편이 되지도 않았다. 이런 일화가 있다. 어떤 사람이 상처를 입고 위험에 빠졌을 때 유대인 사제가 그를 돕지 않고 그냥 지나쳐버렸다. 그 이유인즉슨 사제는 시체나 피를 만져서는 안 된다는 금기가 있었기 때문이다. 유대인 사제는 신이 정해놓은 율법을 지키기 위해 상처 입은 사람을 도와주지 않고 내버려뒀던 것이다. 그때 그곳에 유대인이 아닌 이민족 사람(정확하게는 유대인이지만 이민족 피가 섞여 있어 유대인에게 인종차별을 받고 있던 사마리아인)이 다가와서 상처받은 사람을 도와준다. 자, 그럼 어느 쪽이 선한 사람일까?

예수는 "후자, 즉 이민족 사람이 선한 사람이다"라고 명확히 답을 내린다. 어쩌면 매우 당연한 답이라 생각할지 모르겠으나 잘 생각해보자. 세상을 자세히 바라보면 배타적인 종교가 많이 있다. 그런 종교의 신자들은 "자신의 종교를 믿지 않는 사람들은 어떻게 돼도 상관없다. 오히려 죽이는 편이 그들을 위한 일이다" 하고 외치며 피비린내 나는 전쟁을 반복하고 있다. 당신은 이런 사람들이 많은 곳에서 위와 같은 말을 할 수 있을까?

하지만 예수는 두려움 없이 사람들 앞에서 무방비 상태로 말한다. "아니다. 신이 정한 율법인지 뭔지 모르겠지만 아무리 생각해도 이민족 사람이 선한 일을 했다. 신도 당연히 그 이민족을 구원해주실 것이 분명하다"라고.

이러한 예수의 말과 행동은 유대 민족의 구세주를 기다려 왔던 사람들에게 큰 실망을 안겼고, 실망은 격한 분노로 바뀌었다. 결국 예수는 반사회적 활동을 행한 가짜 구세주라는 죄목으로 붙잡힌다. 예수를 붙잡은 유대인은 그를 벌거숭이로 만들고 십자가에 못 박았다. 그리고 그에게 돌을 던지면서 "자, 구세주잖아. 신에게 부탁해서 도움을 청해봐"라고 말하며 조소를 보냈다. 결국 유대인은 창으로 예수의 몸을 찔러 죽였다. 그 모습을 본 예수의 제자들은 매우 비탄해했다.

"어째서 이렇게 된 거지! 이런 무자비한 일이 일어나도 되는 것인가! 왜 저 위대하고 옳은 말을 한 사람이 무참히 죽임을 당해야 하는 것인가!"

예수는 자신을 죽이려고 돌을 던지고 창으로 찌르는 사람들 앞에서 "부디 그들을 용서해주십시오"라고 신에게 간청까지 했다. 이렇게 위대한 사람이 왜 이런 상황에 놓인 것일까.

"아냐, 틀렸어! 예수님은 죽지 않았어! 분명히 신의 힘으로 부활해서 다시 돌아오실 거야!"

이렇게 굳게 믿은 제자들은 자신의 신념을 각지에 전달하기 시작했다. 진정한 구세주(그리스도)라며 예수님을 우러러보는 그리스도교를 포교하는 활동을 시작한 것이다.

물론 사형당한 인간이 다시 살아났다는 이야기를 듣고 어이가 없어 비웃는 사람도 많았다. 그렇다고 해서 제자들은 기가 죽지 않았다. 위대한 예수는 돌에 맞고 사람들의 비웃음을 받으며 심지어 창에 찔려도 "타인을 사랑하라"라는 말을 남겼기 때문이다. 예수가 당한 일에 비하면 비웃음받는 일은 아무것도 아니었다. 그렇기 때문에 그들은 눈물을 흘리며 목이 쉬도록 외쳤다. 그런 열정적인 포교활동에 마음이 흔들린 사람들도 분명 있었을 것이다.

실제로 많은 나라의 전통적인 종교나 교리가 이제는 낡은 것이 됐다. '콩을 먹지 말라'와 같이 이유를 알 수 없는 생활 규칙을 강요하는 것뿐이었기 때문이다. 그런 중에 "이웃을 사랑하라. 적도 사랑하라. 그저 타인에게 친절을 베풀라. 사람은 자신을 창조하신 신의 사랑을 믿으며 살아가야 한다"는, 단순하지만 어떤 민족이나 공감할 수 있는 가르침에서 진실한 울림을 들은 사람도 많았다.

민족이라는 틀을 넘어 점점 신자를 늘려간 그리스도교는 잠시 위험한 종교라는 이유로 탄압을 받았지만 4세기경 로마제국의 국교가 되어 확고한 지위를 세우는 데 성공한다. 그리고 현재의 그리스도교와 같은 세계적 종교로 발전했다.

인간은 신의 은총 없이는 구원받을 수 없다

현대 그리스도교의 주역 **아우구스티누스**

필살기
참회

18세에 동거 중인 여성과 아이를 갖는 등, 젊었을 때는 방탕한 생활을 보냈다. 32세에 종교적으로 자각한 이후에는 수도원 생활에 들어가 42세에 주교가 된다.

▲354년~430년 ▲출신지: 알제리 ▲대표 저서: 《고백록》

"사형으로 죽임을 당한 예수는 사실 되살아났다! 그런 예수야말로 진정한 구세주다!"라고 주장했던 그리스도교는 300년경까지 광신적 종교로 금지됐지만 신자인 콘스탄티누스가 로마제국의 황제가 되자 일대 대변혁이 일어난다! 로마제국에서 포교가 정식으로 인정받았던 것이다. 그리고 392년 로마제국은 그리스도교를 국교로 정하고 그 이외의 종교는 금지하기로 결정한다. 이리하여 그리스도교는 세계 제일인 로마제국에서 확고한 기반을 쌓는 데 성공했다.

하지만 "해냈다! 자, 이제부터 신자를 많이 확보하자!"라고 하고 싶었지만 그럴 수는 없었다. 어떤 일이든 성공하면 성공한 대로 지금까지 없었던 새로운 문제가 일어나는 법이다. 문제는 내부 분열이었다.

지금까지 권력자들에게 박해와 탄압을 받았던 그리스도교는 "힘들지만 모두 일치단결해서 힘내보자!"라 말하며 하나로 뭉칠 수 있었다. 하지만 지금은 권력자에게 공인받아 오히려 권력을 쥔 쪽이 되어버렸다. 그러자 흔히 있는 일처럼 태도가 싹 바뀌어 단단했던 단결이 붕괴되기 시작한다. 외부의 적이 사라져버린 순간, 내부 사람들은 "내 성서 해석이 맞아!", "아니야, 내가 가장 예수님을 올바르게 이해하고 있어!" 하며 파벌 싸움을 벌였다.

이제 겨우 국가 권력에게 보증을 받아 본격적으로 시작할 때 내부 싸움을 벌여서는 얻을 것이 없다. 그리스도교 조직은 빨리 모든 파벌을 통일하고 교리를 하나로 정리해야 했다.

"누구의 교리가 맞고 누구의 교리가 이단인가!"

교리를 확실히 결정해야 할 교회 조직 내부에서 신학논쟁, 다시 말해 사상 최대의 신학토론 배틀이 시작됐다. 이런 격한 토론 배틀에서 훌륭하게 승리를 거두고 그리스도교 교리를 하나로 정리한 인물이 **그리스도교 최대 교부**로 일컬어지는 **아우구스티누스**다.

아우구스티누스는 도나티스파나 펠라기우스파 등 당시 폭넓은 지지를 받고 있던 종파의 사제들과 격한 논쟁을 벌였다. 그리고 철저하게 논리로 격파해 그들의 교리를 이단으로 규정하고 그리스도교에서 배제하는 데 성공했다.

그리스도교의 교리를 통일하는 위업을 달성한 아우구스티누스였지만 실제로 그는 천성적으로 경건함이 몸에 밴 그리스도교 신자는 결코 아니었다. 그는 32세에 그리스도교로 **귀의한 자**에 불과했다.

그때까지 그는 마니교나 신플라톤주의 등 다른 종교나 철학사상을 전전했다. 그는 진정한 종교를 찾아 여기저기 헤매다 마지막으로 그리스도교를 찾아왔다. 하지만 다양한 종교·철학에 대한 그의 편력이 아우구스티누스에게는 굉장한 이점이 됐다. 다른 종교나 철학을 알게 됨으로써 그리스도교를 객관적인 입장에서 바라볼 수 있었기 때문이다.

"그리스도교의 신은 유일하고 절대적인 창조신인데 왜 악을 만들었을까?"라는 문제에 대해 생각해보자.

아우구스티누스가 이전에 입교했던 마니교에서는 이 세상에 '착한 신'과 '악한 신'이 있다고 말했기 때문에 악이 존재하는 것은 아무런 문제가 없었다. 악이 존재하는 이유를 악한 신의 탓으로 돌리면 됐기 때문이다.

하지만 그리스도교에서는 유일신을 믿기 때문에 그렇게 할 수 없다. 신이 혼자 세상 만물을 만들었기에 이 세상에 존재하는 악도 신이 만든 것이 된다. 결국 '신이야말로 여러 악의 근원이다'라는 어처구니없는 결론에 도달한다. 아우구스티누스는 이 문제에 관해 스스로 생각한 끝에 다음의 결론을 내렸다.

"그게 아니야. 유일하고 절대적인 신은 완벽히 선한 존재야.

인간에게는 악이 존재하는 것처럼 보이지만 실제로 악은 그저 선의 부재에 불과해. 어둠이 그저 빛의 부재이며 확고한 실체로서 존재하지 않는 것처럼 악도 확고한 실체로서 존재하는 것이 아니야. 그러니까 신이 악이라 불리는 무언가를 만들어낸 것은 아니지.

다만 신은 인간을 너무 사랑한 나머지 인간에게 자유의지를 부여했어. 하지만 그 때문에 인간은 신의 의도와는 벗어난 행동, 즉 악을 행하게 됐지. 이것이야말로 인간이 태어나면서부터 짊어져야 할 원죄야."

아우구스티누스의 생각은 이러했는데, 그의 생각 곳곳에는 고대 철학자의 유물이 남아 있다. '신은 절대적인 궁극의 선으로서 존재하지만 인간에게는 불완전한 선만이 보인다=악이 있는 것처럼 보이는 이유'라는 발상의 기원은 명확히 플라톤의 영향이다. '어둠은 빛의 부재에 불과하고 따라서 어둠이라는 것이 존재할 리가 없다'는 발상은 고대의 헤라클레이토스가 했던 말에 영향을 받았다.

이런 아우구스티누스의 설명을 현대인인 우리가 납득할 수 있는지의 여부 판단은 잠시 보류해두자. 여기서 중요한 것은 아우구스티누스가 스스로 그리스도교(유일신 신앙) 교리가 지닌 문제점, 다시 말해 '지적할 부분'을 찾아내는 냉정함과 그 이유를 발견할 수 있는 지식을 구비했다는 점이다. 이렇게 할 수 있었던 것은 그가 겪은 인생 경험 덕분일 것이다.

또한 그는 젊었을 때부터 수사학을 배웠고 누구와 논쟁을 벌여도 이길 수 있는 교양도 갖추고 있었다. 이러한 점들을 고려하면 그가 다양한 종파의 사제들을 논쟁에서 설파할 수 있었던 것도 납득이 간다. 즉, 그는 당시 최강의 논객이었다.

하지만 그는 말만 유창한 토론가가 아니었다. 30세를 넘겨 중간에 교회 조직에 들어온 인간이 단순히 토론을 잘한다는 이유만으로 그리스도교 최대의 교부로 불리는 지위까지 올랐을 거라고는 생각하기 어렵다. 무엇보다 아우구스티누스의 논쟁 상대는 학자가 아닌 종교 사제였다. 토론을 잘하는 것만으로 종교 사제를 꼼짝 못 하게 했을 리가 없다. 실제로 토론 상대 중에는 일반인은 견딜 수 없는 고행을 모두의 앞에서 실천했다는 이유로 지지받는 사제도 있었기 때문이다. 그런 사제에게 "논리적으로 조목조목 따지기 전에 나같이 고행을 해봐라! 진정한 신앙심이 있다면 어떤 고통도 견딜 수 있다!"라고 추궁을 받는다면 아무리 달변가라 해도 버틸 수 없을 것이다.

참회적 교리

아우구스티누스는 만만치 않은 사제를 상대로 어떻게 토론에서 이길 수 있었을까? 역시 논리를 뛰어넘는 자신만의 인간적인 매력이나 인덕도 작용했음이 틀림없다. 그의 인간성에 대해서 명확히 할 수 있는 것은 적어도 그가 매우 정직한 인간이었다는 점이다. 그는 성직자라는 입장에 있으면서도 《고백록》이라는 제목의 자서전에서 자신이 과거에 행한 죄를 적나라하게 글로 적었다. 다만 죄라고 해도 그렇게 엄청난 죄는 아니었다. "성적 욕망을 제어하지 못하고 저급한 욕정이 끓어올랐다" 같은 내용을 쓴 정도에 불과했다.

인민주권을 부르짖은 루소도 아우구스티누스를 따라 똑같은 제목의 자서전을 출간했고 그 책에서 자신의 도착적인 성벽을 고백했다. 루소는 그렇다고 쳐도 아우구스티누스는 성직자라는 위치에 있었기 때문에 그의 고백은 당시에 매우 충격적이었을 것이다.

그는 이런 말을 남겼다.

"신이시여! 저에게 성적 금욕이 가능한 자제심을 주십시오! 지금 당장은 말고요!"

그는 '인간은 태어나면서부터 깊은 원죄를 짊어진 존재이자 신의 은총 없이는 구원받을 수 없다'고 일관되게 주장했다. 인간은 자력으로 구원받을 수 없으며, 신의 힘이 필요하다는 사고방식이다.

한편 당시 아우구스티누스를 적대시하던 파벌의 사제들은 이렇게 생각했다.

"인간은 금욕을 통해 신에게 다가갈 수 있고, 노력을 통해서만 구원받을 수 있어."

인간은 자력으로 구원받을 수 있고 신의 도움은 필요 없다는 사고방식이다. 예를 들어 아우구스티누스와 논쟁을 벌인 펠라기우스는 "신은 인간의 본성을 선하게 창조했기 때문에 인간은 자유의지로 선행하고 깨끗하고 올바르게 살 수 있다. 그렇기 때문에 선한 본성에 따라 삶의 방식을 실천하는 것으로 영혼은 구원받을 수 있다"라고 주장했고 많은 지지를 받았다.

이는 곧 자력구제다. 자신을 규제해서 맑고 올바르게 사는 방식이다. 확실히 훌륭한 태도다. 실제로 이렇게 주장한 펠라기우스는 매우 도덕적이고 훌륭한 인간이었다고 한다.

아무리 봐도 몰래 저급한 욕정에 빠지는 유형의 인간으로 보이지 않았을 것이다. 맑고 올바르고 완전무결한 펠라기우스는 엄격한 표정으로 모두에게 이렇게 말한다.

"너희들도 노력해라! 죄를 짓지 말고 올바르게 살아라!"

하지만 아우구스티누스는 펠라기우스에게 이렇게 반론한다.

"죄를 짓지 않는 것은 무리다! 가능할 리가 없다! 왜냐하면 참을 수 없기 때문이다!"

아우구스티누스는 자서전에서 "성욕, 참을 수 없어! 욕정에 불타오르고 말았다!"라고 고백할 정도로 솔직했다. 자신의 약한 마음을 솔직하게 인정하고 고백했던 그는 인간이 그렇게 강한 존재가 아니라는 점을 잘 알고 있었다. 아우구스티누스에게 인간은 자유의지와 욕망을 자제할 수 없는 연약한 존재였다. 그렇기 때문에 모두가 펠라기우스와 같은 금욕적 노력을 실천할 수 없을 것이라 생각했다. 그는 고행을 통한 자력구제 방법으로는 평범한 일반인들이 구원받지 못할 것이라 믿었다.

아우구스티누스는 다른 사제처럼 금욕을 이룬 위대한 인간으로서가 아니라, 쉽게 욕망에 빠져 죄를 저지르는 같은 인간으로서 모두의 눈높이에서 이야기했다. 그런 그의 말은 결벽하고 완벽한 자세로 금욕적인 노력을 강요하는 다른 사제의 말보다 모두의 마음에 더 큰 울림으로 전달됐음이 분명하다.

"인간은 욕망을 자제할 수 없는 연약한 존재입니다. 이렇게 죄 많은 인간은 그저 신 앞에 엎드려 빌 수밖에 없습니다. 아아, 우리는 죄 많은 존재임을 인정하고 신에게 모든 것을 '고백'해 용서를 청해야 합니다. 신의 자비로 구원받을 수 있도록 기도합시다."

아우구스티누스는 이러한 **참회적 교리**를 세우고 노력을 통한 자력구제를 부정함으로써 그리스도교를 하나로 정리했다. 그 결과 그리스도교는 누구라도 실천 가능한 '대중의 종교'가 됐고, 세계종교로서 발전했다.

신학과 철학 중 어느 쪽이 옳을까

철학과 종교를 통합한 신학자 **토마스 아퀴나스**

필 살 기

스콜라 철학

임종하기 바로 전 해, 미사 도중 신비한 사건을 체험한 것을
계기로 저술 활동을 포기한다. 따라서 생애에 걸쳐 작업한 저서
《신학대전》은 미완으로 남았다.

▲1225년경~1274년 ▲출신지: 이탈리아 ▲대표 저서: 《신학대전》

아우구스티누스 덕분에 그리스도교의 교리는 단단해지고, 교회 조직으로서 안정되고 평온한 시대가 잠시 동안 이어졌다. 하지만 12세기를 지날 때쯤 그들의 신앙을 뒤흔드는 큰 사건이 일어난다. 고대 그리스 철학자 아리스토텔레스의 저서가 라틴어로 번역되어 서양의 그리스도교권에 들어온 것이다.

아리스토텔레스는 만학의 시조라 불리는 철학자로, 다양한 자연현상을 빠짐없이 관찰하고 특징을 정리해 체계적으로 이해하는 학문을 시작한 인류사에서 가장 자랑스러운 최강의 지식인이다.

그의 성과 중 하나가 **논리학**이다. 아리스토텔레스 이전에 '논리'는 아직 명문화되지 못하고 지식인들 사이에서 자연스

지금도 사용되는 삼단논법

럽게 알려진 정도의 것에 불과했다. 그러던 중 아리스토텔레스가 나타나서 "어떤 문장을 논리적이라 할 수 있는가", "논리적 규칙에는 어떠한 것들이 있는가" 등을 정확히 정리해서 순식간에 학문으로 체계화했다. 오늘날 잘 알려져 있는 삼단논법도 아리스토텔레스가 정립한 논리 중 하나다.

논리가 얼마나 강력한 것인지는 새삼스레 이야기할 필요도 없다. 원래 논리란 우리 인간이 지닌 '사고(이성)의 형식 그 자체'라고 할 수 있다. 따라서 논리라는 규칙은 누구라도 옳다고 인정해야 따를 수 있다. 실제로 '소크라테스는 인간으로, 모든 인간은 반드시 죽는다'는 전제가 참이라고 가정할 경우 우리는 '소크라테스는 반드시 죽는다'는 결론을 내릴 수밖에 없다. 결국 논리는 시대나 장소에 국한되지 않고 누구나 다 그렇게 생각하는 보편적인 인류 공통의 규칙이다. 그렇기 때문에 모두가 똑같은 논리를 공유할 수 있다.

인간이 지닌 이성의 형식인 논리를 고대 아주 옛날부터 학문으로 정립하고자 한 것만으로도 충분히 뛰어나지만, 논리학은 아리스토텔레스의 성과 중 극히 일부분에 불과하다. 이 정도로 위대한 지식인인 아리스토텔레스가 남긴 방대한 철학 체계가 종교 일색이던 문화권에 갑자기 밀어닥치기 시작했다. 그의 철학은 이제 막 신앙 세계로 들어온, 이성이라는 이름의 '신식 함선'이었다.

홀륭한 지식이 외부에서 들어온 것이기 때문에 솔직히 박수갈채로 기뻐하면 그만이지 않았을까. 그러나 그렇게 할 수 없는 사정이 있었다. 아리스토텔레스의 철학 체계에는 매우 곤란한 문제가 내포되어 있었기 때문이다.

신학 vs 철학

그것은 '그리스도교 교리와 모순된다'는 치명적인 문제였다. 아리스토텔레스의 철학 체계는 그리스도교 성립 이전에 만들어졌다. 아리스토텔레스가 그리스도교를 의식해서 그것과 모순되지 않도록 철학 체계를 만들었을 리가 없다. 그의 철학에 그리스도교의 교리와 부합하지 않는 내용이 있는 것이 오히려 당연한 일이다.

물론 교리와 모순된 아리스토텔레스의 기록이 발견되어도 "그런 것쯤은 고대인의 망상일 뿐이야" 하고 무시하면 될지도 모른다. 실제로 지금까지도 그리스도교의 교회 조직은 교의나 성서와 모순되는 사고방식은 모두 이단으로 치부해 버린다.

하지만 아리스토텔레스의 철학은 그렇게 할 수 없었다. 앞서 언급한 논리학 하나만 봐도 알 수 있듯 그의 철학은 누구나 수긍할만한 설득력을 지닌 논리정연한 이야기였기 때문이다. 당시 서양 지식인들은 아리스토텔레스에게 완전히 빠져 있었다.

문제는 여기서 시작된다. 그리스도교의 신학과 아리스토텔레스의 철학이 서로 모순되어 있다는 것은 적어도 어느 한 쪽이 '거짓투성이 헛소리'라는 말이 된다. 둘 중 하나를 선택해야 하는 기로에 놓인 것이다. 어느 한 쪽을 틀렸다고 규정하고 버려야만 한다. 이리하여 **신학 vs 철학**이라는 토론 배틀이 중세 시기 서양에서 시작됐다.

"자자, 그렇게 흥분하지 마시고 잠깐 숨을 돌립시다. 우선 양쪽이 서로 양보 가능한지 시도해보지 않으시겠습니까"라 말하며 어떻게든 양쪽 조리에 맞도록 노력한 사람들도 있었다. 그들은 **라틴 아베로에스주의**라 불리며 신학과 철학을 융합해 새로운 학문 체계를 만들고자 했던 사람들이다. 그러나 이 시도는 당연하다는 듯 실패해버린다. 아리스토텔레스의 철학에 따라 이성적으로 사고하면 어떻게든 그리스도교의 교리와는 다른 결론이 나오기 때문이다. '신은 개인을 구제하지 않아'라든지 '최후의 심판은 일어나지 않아'같이 그리스도교에 회의적인 결론이 도출됐던 것이다.

결국 신학과 철학의 융합물인 라틴 아베로에스주의는 이단으로 규정되어 어둠 속에 사라졌다. 어쩔 수 없는 일이다. 본래 '신앙과 이성의 융합'은 물과 기름을 혼합하는 것과 같았기에 애초부터 잘될 리가 없었다. 역시 종교와 철학은 그리 잘 맞는 것 같지는 않다. 그러나 잘 맞지 않는다는 말로 간단히 끝낼 문제가 아니었다. 철학은 그리스도교가 말하는 전지전능한 신의 존재까지 부정하기 시작했다. 다음은 아리스토텔레스 연구의 일인자인 아베로에스가 몰두한 '전능 역설'이라는 명제다.

"전능한 신이 스스로 전능함을 관두고 전능하지 않은 존재가 될 수 있는가?"

이 말은 "신이 자기 자신을 전능하지 않은 존재로 만들 수 없다면 신은 전능하지 않다는 뜻이 되고, 만약 전능하지 않은 존재로 만들 수 있다고 해도 그 시점에서 전능하지 않은 존재가 되어버린다"는 역설이다. 결국 '전능' 같은 것은 원래 있을 수 없다는 이야기다.

"전능한 신은 너무 무거워서 절대로 들 수 없는 돌을 만들 수 있는가?"라는 역설도 있다. 어쩌면 이쪽이 더 이해하기 편할지 모르겠다. 신이 그런 돌을 만들 수 없다면 결국 전능하지 않다는 말이 되고, 만들 수 있어도 그 돌을 들 수 없기 때문에 역시 전능하지 않다는 뜻이 된다. 이 이야기도 전능 따위는 있을 수 없다는 말이다. 철학은 이러한 역설을 통해 "그리스도 신도가 믿는 전지전능한 신은 존재하지 않는다"라고 논리적으로 주장했다.

"신이 정말로 존재해?"

"유대인이 곤란에 처했어도 구원해주지 않았잖아?"

"만약 신이 있다고 해도 교회 조직이 신의 의지를 대변한다는 증거가 있어?"

철학으로 이성을 작동하면 작동할수록 계속 다양한 의문이 생긴다. 이대로 철학의 영향력이 증대한다면 신앙의 붕괴도 피할 수 없을 것이다. 그때 "그런 게 아닙니다. 더 이상 그런 자잘한 걸로 논쟁하지 말고 신학도 철학도 둘 다 맞는 걸로 끝내면 어떨까요"라고 생각한 사람들도 나타났다. 종교적 진리와 철학적 진리는 서로 다르다는 이야기로, **이중진리설**이라 불리는 사고방식이다. 이런 결론은 신학의 진리와 철학의 진리는 다른 영역에 있으니 서로 싸우지 말고 지내자는 타협안에서 나왔다.

그러나 그때 나타난 사람이 **토마스 아퀴나스**다. 그는 타협을 결코 허용하지 않았다. 신학이든 철학이든 모두 옳다고 주장하는 이중진리설은 명백히 신학 측의 패배를 인정하는 것이기 때문이다. 신학은 철학에 논리가 깨져 아무 소리도 내지 못했다. 그리하여 신학 측에서 먼저 머리를 숙이고 타협을 청하며 화해를 구한 것이다. 토마스 아퀴나스는 그런 신학의 패배를 인정하려 하지 않았다.

갑자기 찾아 들어와서 대단한 듯 구는 철학에 어떻게든 한 방 먹여야 했다. 그렇게 하지 않으면 서양이 천 년 가까이 유지한 중세 신앙의 역사는 어떻게 되는 것인가! 열정을 품고 철학에 도전장을 던진 토마스 아퀴나스는 어떤 인물이었을까?

신앙 세계의 영역

토마스 아퀴나스는 원래 귀족 명문가 출신으로 장래에 대수도원장이 될 인물이었다. 소위 금수저 엘리트 신학자였던 것이다. 하지만 그는 18세가 되자 '청빈과 동정'을 계율로 지키는 엄격한 도미니코회라는 수도원에 들어간다. 부모님은 자신들이 기대한 대로 살아왔던 토마스의 갑작스러운 변모에 매우 분노했다. 그의 변화를 받아들이지 못한 토마스의 부모님은 그가 마음을 바꿀 때까지 방에 감금하는 매우 강경한 수단을 사용했다. 하지만 토마스는 부모님에게 설득되지 않았다. 토마스의 부모님은 결국 말도 안 되는 악마적인 수법을 꺼내든다. 토마스의 방에 아름다운 미소녀를 넣어버린 것이다.

토마스 부모님은 도미니코회에 들어가기 위해서는 동정이 필수조건이기 때문에 아들의 동정을 빼앗으면 될 것이라 생각했다. 과연 부패한 귀족다운 발상이다. 그러나 확실히 유효한 수단임에는 틀림없다. 갑작스러운 미소녀의 방문으로 그는 깜짝 놀랐다. 아무리 토마스라고 해도 강한 유혹에 빠질 뻔했지만 끝내 그는 소녀를 방에서 쫓아내고 신앙을 지켰다.

그렇다. 아름다운 미소녀를 거절할 수 있을 정도로 강한 의지와 신념을 지닌 토마스 아퀴나스는 신앙의 길로 나아갔다. 그런 그가 타협을 인정할 리 만무했다! 토마스 아퀴나스는 철저하게 타협을 배제하고 신학과 철학을 조화시키고자 평생 씨름했다. 아니, 조화라기보다는 오히려 신학을 철학

위에 두고자 힘썼다. 그의 전략은 상당히 교묘했다.

원래 철학(이성)은 논리적인 과정으로 신의 지위를 위협했다. 토마스는 오히려 논리적인 과정을 역이용해서 반대로 철학(이성)의 지위를 위협하는 수단을 꺼냈다. 모든 일에는 어떤 원인이 있다. 이 세상은 다양한 자연현상으로 넘쳐나는데, 이성적으로 생각하면 이런 자연현상 모두가 어떤 원인에서 일어난다는 결론이 도출된다. 만약 공이 굴러가고 있다면 그 공을 굴린 원인이 반드시 존재한다. 그리고 그 공을 작동하게 만든 힘의 원인도 당연히 존재한다. 이때 토마스 아퀴나스는 다음의 질문을 던진다.

"그러면 가장 최초의 원인은 대체 무엇일까?"

지금이라면 빅뱅이 최초의 원인이라고 할지도 모른다. 하지만 이 말도 "그럼 빅뱅의 원인은 뭔데?"라는 질문으로 귀결된다. 따라서 빅뱅은 질문의 답이 되지 않는다. 결국 최초의 원인을 밝혀내는 것은 논리적으로 생각해도 불가능하다. "이것이 최초의 원인이다!"라고 누군가 발견해도 "그럼 그 원인의 원인은 뭔데?"라는 이야기로 다시 돌아가고, 원인과 관련된 질문이 무한히 이어지기 때문이다.

그리고 "그 원인이 뭐지?"라고 46시간, 매일 계속해서 질문하면 마지막에는 질려버려서 이렇게 말하게 될지도 모른다.

"시끄러워! 알았어! 신이 행한 거야!"

결국 '원인과 결과의 관계를 초월한 그 무엇'을 상정하지 않고서는 앞의 문제를 결코 해결할 수 없다. 이성적으로 생각함으로써 결국 이성을 뛰어넘는 존재, 즉 신의 존재가 도출된 것이다. 토마스 아퀴나스는 이와 같은 논리를 몇 가지 생각해내어 이성으로는 절대로 도달할 수 없는 영역이 있음을 명확히 했다. 이성이 이해할 수 있는 진리에는 일정한 한계가 있다는 말이다. 그는 이렇게도 말했다.

"이성의 범위 밖에 있는 진리에 관해서는 신학으로만 답을 낼수밖에 없네. 그것은 신의 계시로만 이해할 수 있기 때문이지."

이성으로는 가늠할 수 없는 수준의 문제는 신앙에 의해서만 도달할 수 있다. 그는 신학과 철학의 진리는 대립하는 것이 아니라 '수준'이 다르다고 생각했다.

토마스 아퀴나스는 종교가 지배하고 있는 서양에 갑자기 나타난 철학(이성)에 관해서 "그게 아니야. 이성으로도 풀 수 없는 문제가 있지 않은가. 이성으로 풀 수 없는 문제가 바로

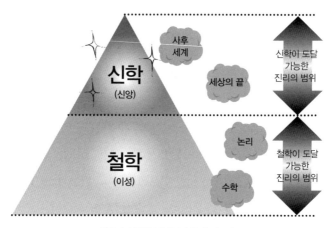

철학과 신학은 진리의 수준이 다르다.

신앙 세계의 문제일세"라고 결론을 냄으로써 신앙 세계의 영역을 지킨 것이다. 점점 이성이 강해지는 시대에 토마스 아퀴나스는 이런 식으로 신앙의 영역을 견지하고 철학이라는 강자에게 한 방 먹이는 데 성공했다.

종교나 도덕 따위는 강자에 대한 약자의 르상티망

신을 죽인 광기의 초인 **니체**

필 살 기

초인사상

**44세일 때 갑자기 광장에서 쓰러져 정신이 망가진 후
55세에 죽을 때까지 두 번 다시 제정신을 찾지 못했다.
유명 작곡가 바그녀와 친구였다.**

▲1844년~1900년 ▲출신지: 독일 ▲대표 저서: 《차라투스트라는 이렇게 말했다》

토마스 아퀴나스의 건투가 허무하게도 인간이 지닌 이성의 힘은 시대의 흐름에 따라 강해졌다. 신앙을 믿는다고 배가 부르는 것도 아니었고, 교회 사람들은 '사람은 빵만으로 살 수 없다'고 말하면서 면죄부를 팔아 자신들만 배부르게 빵을 먹었기 때문이다. 매우 부조리한 세상이었다. 더 이상 신자는 교회에 착취당하는 도구가 아니었다.

교회 조직의 세속화로 인해 모두가 실망하고 있을 때 **루터**(1483년~1546년)가 성직자를 고발하고 **종교개혁**을 일으키는 사건이 벌어진다. 결국 개혁은 교회 조직의 내부 분열을 일으키고 그리스도교는 **가톨릭**(예전부터 내려온 보수파)과 **프로테스탄트**(루터의 개혁파)라는 두 개의 파벌로 갈라진다. 그 후 이 둘은 격렬히 대립하고 처참한 종교전쟁을 일으킨다.

파벌 싸움이라는 추태를 벌인 교회 조직의 권위는 나날이 쇠퇴했지만 그렇다고 해서 "신 같은 거 더 이상 믿지 않겠어!"라고 외치는 시대는 아니었다. 우리에게는 '절대적인 신을 믿는다'는 개념이 낯설기 때문에 그다지 와 닿지는 않지만 서양인은 신을 찬양하던 중세시대를 천 년간 이어왔기 때문에 이야기가 전혀 다르다. 서양인의 마음에는 신앙이라는 문화가 깊게 뿌리박혀 있다. 그래서 신의 이름하에 아무리 전쟁이 일어나고 많은 사람들이 피를 흘려도 기본적으로 그들은 신앙심을 잊지 않았다.

하지만 그런 서양 세계에 **니체**라는 굉장한 철학자가 나타나 이런 말을 꺼냈다.

"신은 죽었다."

이 선언은 너무나 강렬하기 때문에 많은 사람들이 알고 있다. 실제로 철학에 문외한이라도 이 말은 한 번 정도 들어본 적이 있을 것이다. 이 말은 본래 그가 쓴 소설《차라투스트라는 이렇게 말했다》에서 주인공 차라투스트라가 말한 대사 중 하나다. 니체는 이 소설의 주인공을 통해 '신의 죽음'을 호소했는데, 도대체 니체는 신을 어떤 식으로 이해하고 있던 걸까? 그는 신에 관해 다음과 같이 설명했다.

"신이란 약자의 르상티망ressentiment이 만들어낸 것에 불과해."

르상티망이란 '원한'이나 '질투'와 같은 의미다. 그는 신이라는 개념이나 신을 향한 신앙은 인간의 숭고한 의지에서 생긴 것이 아니라 오히려 '약자의 원한'이라는, 왜곡되고 비뚤어진 패배의 감정에서 생긴다고 생각했다. 게다가 니체는 이런 말까지 한다.

"신앙심(약자의 원한이 만들어낸 왜곡된 패배의 감정)이 인간 본래의 삶을 말살해버린다."

니체의 이런 말은 신을 믿는 서양인에게는 절대로 용서할 수 없는 주장이었다. 그러나 니체는 자신의 주장의 정당성을 증명하기 위해 기원전 고대로 거슬러 올라가 선악의 가치관에 관한 자신의 생각을 나타냈다. 고대에서 '선함'이란 '강함'이나 '힘이 있음'을 뜻했다. 그 반대로 '악함'이란 '약함'이나 '힘이 없음'이었다. 고대에서 "선한 인간이란 어떤 사람을 뜻하는가?"라고 묻는다면 "젊고 건강하며, 재력이 있고 전쟁에서도 뛰어난 강한 인간이다"라고 대답할 것이다. 생각해보면 이는 매우 솔직하고 자연스러운 가치관이다.

니체는 '강한 것은 훌륭하다'는 고대적 가치관을 **기사적·귀족적 가치관**이라 불렀다. 하지만 니체는 이 가치관이 역사의 어떤 시점에서 역전됐다고 주장한다. 그리고 고대 유대인이 그 역전의 유래라는 것이다. 20장에서 언급한 고대 유대인의 비참한 역사와 선민사상을 다시 한 번 떠올려보자. 그들은 노예로 붙잡힌 후 겨우 탈출해서 도피 생활을 하던 중 '유일하고 절대적인 신'에 대한 믿음을 깨닫는다. 그리고 그들은 "유일신을 믿으면 신이 자신들을 고통에 빠뜨린 민족을 멸망시키고 유대 민족을 구원할 것이다"라는 교리를 만들었다.

그러나 아무리 기다려도 신은 유대인을 구원하러 오지 않았다. 아무리 비참한 사건이 유대인을 덮쳐도 신은 그림자조차 보이지 않았다. 그러자 그들의 신앙도 모습을 바꿀 수밖에 없었다. 유대인의 신에 대한 태도 변화는 성전인《구약성서》에서도 흔적을 발견할 수 있다. 원래《구약성서》란 다양한 시대의 예언자(신의 말씀을 전달받아 모두에게 전파하는 위대한 자)의 말을 모은 책이었다. 아주 오래전에 적은 부분에는 "언젠가 신이 내려와서 유대민족을 괴롭히는 적을 물리칠 것이다! 너희들은 그때까지 참고 견디며 신을 믿어야 한다!"라고 신나게 이야기하더니, 시대가 점차 변하자 "신의 이름으로 타인을 위해서 고통을 받아들입시다. 타인을 위해서 죽읍시다"라고 말하는 철저한 고난의 가르침으로 변질됐다. 하지만 변질은 당연한 일이다. 그들은 변할 수밖에 없었다.

어떤 곳에 괴롭힘을 당하는 아이가 있다고 하자. 아이는 괴롭힘을 당할 때마다 "기억해두라고! 이따 우리 아빠가 와서 너희들을 전부 혼내줄 테니까!"라 외치면서 어떻게든 참을 수 있었다. 하지만 아무리 괴롭힘을 당해도 마땅히 와야 할 아버지는 오지 않았다. 이렇게 되면 도와줄 아버지는 그저 망상일 뿐이고 애초부터 없었던 것은 아닐까 의문을 갖게 된다.

만약 도와줄 아버지가 존재하지 않는다면 지금까지 참고 견뎠던 것은 대체 무엇이란 말인가! 그래서는 너무나 비참하다! 아이는 자신을 도와줄 아버지가 없다는 잔혹한 사실을 절대로 받아들일 수 없었다. 하지만 지옥 같은 나날이 계속되고 있다.

그래서 아이는 어떻게든 '아버지가 있다는 바람'과 '고통의 현실'을 잘 조율해야만 했다. 그리고 결국 눈을 반짝이며 이런 말을 한다.

"저는 아버지의 사랑이라는 이름 아래 모든 고통을 받아들이겠습니다. 여러분, 부디 저를 때려주세요."

더 이상 아버지의 이름을 외치며 현실적인 복수를 바라던 분노의 얼굴은 존재하지 않았다. 그 대신 아이는 다른 형태로 복수를 시작한다.

"아아, 당신들은 어쩜 이리 폭력적이고 불쌍할까요. 네, 좋습니다. 저항도 하지 않고 아무런 위협도 죄도 없는 저를 맘껏 때려주세요. 그렇게 해서 당신들의 마음이 풀릴 수 있다면 말이에요. 그 동안 저는 당신들이 추하고 나쁜 마음에서 벗어날 수 있도록 기도하겠습니다."

아이는 현실 세계에서 증오스러운 적을 쓰러뜨리는 것을 포기했다. 아무리 시간이 지나도 아버지는 오지 않고 고통스러운 현실을 바꿀 힘도 없었기 때문이다. 그래서 그는 '폭력은 나쁘다', '증오는 나쁘다'는 정신적인 가치관을 창조하고 그 가치관 속에서 적에게 승리한다는 왜곡된 방식으로 복수를 이룬다.

신앙과 도덕의 정체

니체는 이처럼 현실 세계에서는 결코 이길 수 없는 약자(유대인)가 정신 세계에서 복수하기 위해 만든 새로운 가치관을 **승려적·도덕적 가치관**이라 불렀다. 이런 유대인들의 승려적·도덕적 가치관은 예수 그리스도에 의해서 계승됐고, 유대교는 현실적인 복수를 기원하는 종교에서 벗어나 '그리스도교'라는 전혀 새로운 종교를 만들었다. 그리스도교의 창시자인 예수 그리스도는 승려적·도덕적 가치관의 후계자이자 그 가치관을 위해 순교했다. 예수는 아무런 저항 없이 잡혀 벌거벗겨진 채로 십자가형에 처한 것도 모자라 창에 찔려 목숨을 잃었다.

바로 그 순간이다! 그의 몸을 창으로 찌른 순간, 이전에 선이었던 것이 악이 되고 악이었던 것이 선이 되는 가치관의 대변혁이 일어난다. 독수리나 매와 같은 강한 맹금류는 악한 것, 인간에 어떤 해도 가하지 않는 약한 어린 양은 선한 것으로 간주되는 가치관의 변화가 그것이다. 예수가 죽은 후 이런 가치관의 변화가 인류사에서 확실히 눈에 보이는 형태로 나타났다. 그리고 그리스도교(새로운 가치관)는 여러 나라의 국교가 되어 서양 세계를 지배하는 데 성공한다. 니체는 이 역전된 가치관이 세상으로 점점 퍼져 결국 고대 가치관을 밀어내고 모든 것의 기준으로서 인류에 정착했다고 생각했다.

또한, 니체는 이 새로운 가치관이 "인간이 누렸던 본래의 삶을 말살하고 있다"고 주장했다. 본디 자연스러운 가치관은 "강한 것이 훌륭하다"라고 솔직하고 진지하게 말할 수 있었다. 그러나 어느새 "약한 것이 훌륭하다. 힘은 없지만 우아하다"라는 가치관으로 대체됐다. 사람들은 자신이 약자임을 부끄러워하지 않았고 타인에게 아무리 가혹한 대우를 받아도 화내지 않고 방긋방긋 웃는 사람을 선한 인간이라 여겼다. 하지만 이런 삶이 인간 본래의 삶일 리가 없다!

이런 부자연스러운 가치관은 그리스도교를 통해서 천 년 이상 긴 시간에 걸쳐 서서히 인류를 세뇌했다. 그리고 이제는 자연스럽지 않은 가치관이 상식이 되어버렸다. 실제로 우리도 그렇게 여기고 있지 않은가? 예를 들어 누군가가 이렇게 말했다고 하자.

"저는 돈과 권력을 원합니다."

여러분은 어떤 생각이 들까? '어쩜 사람이 저렇게 뻔뻔할까'라고 생각하지 않겠는가? 사람들은 그를 탐욕스러운 데다 주제도 모르고 자신의 욕망만 챙기는 세속적인 사람이라 욕할 것이다. 자신의 욕망을 솔직하게 말하는 사람에게는 대체적으로 이런 인상이 따라온다. 하지만 잘 생각해보자. 대체 이런 발언에 어떤 문제가 있다는 걸까?

돈과 권력은 분명히 우리의 삶을 풍족하게 만드는 요소다. 큰 뜻과 야심이 있어서 한 번뿐인 인생을 화려하게 불태우며 살고 싶다면 오히려 돈과 권력을 추구해야 한다. 적어도 '악하다'는 발상을 떠올려서는 안 된다. 실제로 '돈과 권력도 없는 인생'과 '돈과 권력도 있는 인생' 중 어느 쪽을 선택할 거냐고 물으면 보통 후자를 선택할 것이다. 하지만 후자를 원한다고 말하는 순간 모두 얼굴을 찡그린다.

그 이유는 명백하다. 대부분의 사람들이 돈과 권력을 얻을 수 없기 때문이다. 자신이 얻을 수 없는 것은 사람들의 열등감을 자극한다. 앞서 보았듯 고대에서는 돈과 권력을 얻는 것이 선한 일이었다. 그러한 것을 자연스럽고 당연하게 여겼다. 돈과 권력이 삶을 풍족하게 만들기 때문이다. 누군가가 돈과 권력을 획득하기 위해 노력하겠다고 선언하면 훌륭하다고 박수갈채와 응원을 받았다.

하지만 아무리 노력해도 돈과 권력을 가질 수 없는 사람이나 획득할 자신이 없는 사람도 존재한다. 그럼 그들은 어떻게 해야 좋을까? 비참한 패배자로서의 삶을 받아들일 수밖에 없는 걸까? 아니다, 그들은 결코 패배를 인정할 수 없었다. 패배를 인정하는 것은 너무 비참하기 때문이다. 그래서 그들은 이렇게 말했다.

"돈이나 권력을 얻었다고 해서 행복해진다고 단언할 수는 없지……. 오히려 귀찮은 일이 생길 테니까 필요 없어……."

"학력이 있다고 꼭 선한 사람이라 볼 수는 없지."

"일류 기업에 들어간다 해도 이런 추세라면 언제 도산할지 몰라."

그들은 《이솝우화》에 나오는 딸 수 없는 포도를 맛이 없을 거라고 포기하는 여우와 똑같다. 그 여우는 사실 포도가 너무 먹고 싶었다. 실제로 포도를 먹을 수 있다면 틀림없이 먹었을 것이다. 그러나 포도는 먹을 수 없는 높이에 매달려 있었기 때문에 여우는 자신의 형편에 맞게 포도의 '가치'를 떨어뜨렸다.

"흥, 저 포도는 분명히 실 거야. 먹지 않아 다행이다."

여우가 솔직하게 인생을 살고 있지 않다는 것은 확실하다. 그리고 조만간 똑같은 여우들이 모여 "포도를 욕심내지 않는 것은 선한 일이야!"라는 도덕이나 교의를 세우기 시작한다. 여우는 항상 마음속에 딸 수 없는 포도에 '르상티망'을 느끼고 포도를 원하지 않는 무욕적인 자신을 자랑스럽게 생각한다. 만약 그곳에 열심히 뛰어오르다 운 좋게 포도를 손에 넣은 여우를 보면 그들은 "어쩜 저리 욕심이 많을까" 하고 경멸할지도 모른다. 그러고는 "포도만이 인생의 전부가 아닌데 저렇게 안간힘을 쓰다니. 나라면 욕심내지 않을 거야"라며 왜곡된 가치관을 꺼내 내면적인 승리를 함으로써 원한을 풀고 자신을 위로한다.

하지만 니체는 이런 왜곡된 인생이 그저 기만에 불과하다고 단언한다. 사실은 포도를 먹으려고 필사적으로 뛰어오르는 편이 더 낫다. 자신의 한계를 뛰어넘어 싸워도 상관없다. 하지만 그렇게 하지 않았다. 실패가 무서웠기 때문이다. 자신이 없었기 때문이다. 뛰어오르다 포도를 따지 못하는 모습을 남이 보는 것이 부끄러웠다. 여우는 비참한 패배자가 되는 것이 참을 수 없었다. 그래서 포도를 먹고 싶다는 마음을 외면하고 '무욕이 훌륭하다'는 가치관에 매달린다.

무욕의 삶이 결코 자연 본래의 삶은 아니다. 인생에는 이뤄야 할 것이 존재한다. 싸우더라도 쟁취해야 할 것이 있다. 만약 쟁취하기에 너무 높은 장애가 있다면 장애를 극복하는 힘을 갖기 위해서 노력하면 된다. 앞에 적이 있다면 적을 쓰러뜨리고 자신의 뜻을 관철하는 힘을 손에 넣으면 된다.

하지만 가치관이 뒤바뀐 세상에서는 '도덕'과 '종교', 그리고 '교육'이 무해하고 무욕하며 겸손한 인간이 되기를 강요한다. 약자를 찬미하는 겉만 번드르르한 것들은 모두 **약자의 르상티망**에 불과하다. 깨끗한척하는 사람들도 자신이 원하는 것을 얻을 수 있다면 틀림없이 가지려고 할 것이기 때문이다. 자신이 원하는 것을 가질 수 없는 약자이기 때문에 자신의 상태를 비참하게 생각하지 않도록 약자에게서 가치를 발견하는 환상을 만들어냈을 뿐이다.

이런 부자연스러운 환상, 약자 구제 시스템이야말로 '신앙'과 '도덕'의 정체라고 니체는 생각했다. 물론 세상 사람들이 불온하고 반도덕적인 그의 생각을 받아들일 리 없었다. 24세의 나이에 대학교수라는 지위까지 오른 천재 니체는 누구에게도 이해받지 못하고 대학에서 나와 철학자가 됐다. 그리고 앞에서 언급한 《차라투스트라는 이렇게 말했다》를 쓰기 시작했지만, 결국에는 미쳐버리고 인생을 마감한다.

신이 죽은 세계에서

인간이 신에게 올리는 신성한 행위인 신앙, 숭배, 참회가 "그저 약자의 르상티망에서 파생된 것에 불과하다"라고 단언한 니체. 그는 이렇게도 말했다.

"우리 인류는 이제 신을 믿을 수 없네. 인간이 신을 죽였기 때문이지."

너무나도 강렬한 발언이다. 신앙심이 얕은 우리는 "그럴지도 모르지!" 정도로 받아들일 수도 있다. 아니, 이 정도가 아니라 신을 믿는 종교에 다음과 같은 이미지를 가지는 사람이 많을지도 모르겠다.

"종교는 사이비 같아서 위험해 보여요. 전도 활동도 귀찮고 지금 세계는 종교 때문에 전쟁을 벌이고 있잖아요. 신흥 종교는 처참한 사건만 일으키고."

종교가 쓸데없이 맹신적이고 위험한 집단이라고 생각하는 사람에게는 자연이나 죽은 자에 대한 경외감, 그리스도교가 말하는 전지전능한 신은 애초부터 신앙의 대상이 아니다. 이런 사람에게는 니체를 찾을 필요도 없이 벌써 신은 죽었다고 할 수 있다. 그리고 니체의 "신은 죽었다"는 말을 들어도 서양인과는 달리 우리는 그다지 충격을 받지 않는다. "아, 그렇구나" 수준의 충격일 것이다.

그러면 니체의 철학은 서양인만을 위한 것이고 우리와는

그다지 관계가 없는 이야기일까? 아니, 그렇지 않다. 사실 니체의 철학은 오히려 우리를 위한 것이라 할 수 있다. 우선 니체가 정말로 말하고자 했던 것은 "신앙 따위는 약자의 르상티망이고 이제 신은 죽었다"라는 단순한 이야기가 아니다. 만약 '신은 죽었다'는 발언뿐이었다면 철학자로서 이 정도로 대단한 인물이 되지는 못했을 것이다. 물론 결론에 이르기까지의 니체의 논리적 전개는 매우 뛰어났다. 하지만 소위 '반종교', '반도덕'이라는 입장에 한정해서 보자면 어느 시대든 청개구리 같은 사람이 나와 이와 비슷한 말을 했을 것이다.

다른 사람들과는 달리 니체가 위대한 점은 무엇인가? 바로 그는 '훨씬 더 먼 훗날'을 생각하고 있었다는 점이다. 즉, 그는 '신이라는 건 이렇다'라고 단순히 종교비판을 한 것이 아니라 "자, 이제 곧 신이 죽은 세계, 신이나 도덕이 절대적인 가치관이 될 수 없는 시대가 도래할 것이다. 그런 세계에서 인간은 어떻게 살아가야만 할까?"라고 종교가 붕괴된 후의 세계에 대해 철학했다. 따라서 니체의 철학은 신앙심이 얕고 신이라는 절대적인 가치관이 없는 '신이 죽은 세계'를 살고 있는 우리들과 관계가 있다고 할 수 있다.

그러면 니체는 신이 죽은 이 세계에서 어떻게 살아가야 한다고 말할까? 그는 그 답으로 **초인사상**이라는 독자적인 철학을 전개했다. 니체는 본래 "그리스도교를 시작으로 하는 종교적인 도덕관념이 인간의 솔직한 욕망을 말살하고 있다"고 주장했다. 그럼 반대로 솔직한 욕망이란 대체 무엇이란 말인가?

니체는 인간 본래의 근원적이고 솔직한 욕망이란 **힘에의 의지**라고 생각했다. '힘에의 의지'란 간단히 설명하자면 강해지고 싶다는 마음이다. 권력, 재력, 완력 등 형태가 어찌됐든 인간이 추구하는 것은 결국 힘이다. 보다 강하게, 보다 빠르게, 보다 높이 위를 향해 오르고자 하는 인간의 끝없는 향상심 등 니체는 강해지고 싶다는 이러한 힘에의 의지야말로 인간 본래의 솔직한 욕망이며, 그것을 추구하는 것이 인생의 본질이라 생각했다. 그리고 그는 힘에의 의지가 이끄는 대로 강해지는 것을 추구하는 사람을 **초인**이라 불렀다.

여기서 니체가 말하는 초인은 불가사의한 힘을 지니거나 인간을 초월한 존재가 결코 아니다. 오히려 그들은 육체적, 지능적으로 일반 사람들과 아무 차이가 없다. 초인이 일반 사람들과 다른 점은 단지 '**강해지고 싶다는 의지를 확고하게 자각하고 그것만을 추구한다**'는 것뿐이다. 하지만 그 작은 차이가 사는 방식에 큰 차이를 만든다.

초인은 사실은 강해지고 싶은데 강함을 추구해도 의미가

없다는 말로 자신을 속이려 하지 않는다. 초인은 달리고 싶으면 세계에서 가장 빠른 속도를 목표로 노력하고, 배우고 싶으면 세계 최고의 교육기관에 들어가기 위해서 노력하며, 몸을 단련하고 싶으면 강력한 근육을 얻기 위해 열심히 운동한다. 그는 실패가 두려워서 노력하지 않는다는 변명 따위는 결코 말하지 않는다. 모든 것은 강해지기 위한 것이다. 어떠한 것에도 흔들리지 않고 지지 않으며 무서운 적과 권력에도 결코 무릎 꿇지 않는 강자가 되기 위함이다. 어떤 장애가 있든 상관없이 오로지 마음에 끓어오르는 강해지고 싶다는 '힘에의 의지'에 따라 생명을 불태운다.

그리고 초인은 '신이라는 절대적인 가치관', '도덕이라는 규범적인 가치관'을 잃어버린 세계에서도 타락하지 않는다. 그는 스스로 살아가야 할 가치를 만들어 살아간다. 니체는 초인이야말로 기존의 가치관이 붕괴해버린 신이 죽은 세계에서도 당당하게 살아갈 수 있는 인간상이라고 주장한다. 하지만 니체의 주장에 반박하고 싶은 사람이 있을지도 모르겠다.

"그렇게 될 수 있으면 좋겠지만……. 현실적으로 어렵지 않을까. 인간은 그렇게 강한 생물이 아니라고 생각해."

그 마음은 백 번 이해한다. 분명히 인간은 그리 강하지 않을지도 모른다. 하지만 반대로 질문을 던져, 신이 죽은 세계에서 그것 말고 어떤 삶의 방식이 있을 수 있을까? 바로 지금 신이 죽은 세계를 살고 있는 우리의 인생은 정말로 충실할까? 니체는 자신의 저서에서 종말의 시대, 즉 모든 가치관이 붕괴된 세계를 사는 **종말인**이라 불리는 자의 모습을 묘사한다. 종말인이란 그 무엇도 목표하지 않고 살아가는 사람을 말한다. 그들은 그저 건강과 좋은 잠자리만을 원하며, 원만하게 인생을 보내기 바라는 평범하게 살아갈 뿐인 존재다. 니체는 가까운 시일에 신이 죽은 세계가 도래하고 종말인이 나타날 것이라고 백 년도 훨씬 전에 예언했다. 이런 종말인의 삶이 현대를 사는 우리와 정말 다를까.

우리는 딱히 하고 싶은 것도 없지만 어쨌든 생활은 해야 하기 때문에 어떤 일이든 상관없이 우선 직장을 찾아 일한다. 하루 24시간 중 노동시간은 8시간이나, 통근이나 휴식 시간까지 포함하면 10시간 정도다. 하루 중 그 정도의 시간을 '별로 하고 싶지도 않은 일'로 소비한다. 그뿐만 아니라 수면 시간이나 목욕, 식사, 청소 등 생활시간을 제외하면 24시간 중 자유롭게 사용할 수 있는 시간은 아마도 극히 몇 시간뿐이다. 인생이라는 단 한 번밖에 없는 귀중한 시간을 겨우 10분의 1 정도만 자유롭게 사용할 수 있는 것이다. 하지만 그 귀중하고 얼마 안 되는 시간조차 텔레비전, 인터넷, 게임, 동영상 사이트, 채팅 등으로 소비한다. 그저 시간을 '보내고 있는 것'이다. 그런 인생에 어떤 가치도 감동도 없다는 것은 누군가가 말해줄 필요도 없이 우리 스스로 진심으로 깨닫고 있다.

하지만 이제 와서 이런 말 저런 말 해봤자 소용없다. 우리는 자본주의 국가라는 기이한 괴물에 저항할 수 없다. 그래서 우리는 있든 없든 사실 누구도 불편하지 않은 스마트폰을 자본가를 위해서 매일 시간에 쫓기면서 만든다. 그리고 건강에 신경 쓰고 귀찮은 일은 피하며 지금의 생활을 유지하면서 여가 시간을 허비하기나 한다. 그러다 깨달았을 때는 이미 늦어버렸다. 그다음에는 그저 별일 없이 수명이 줄어드는 것을 기다릴 뿐이다. 이런 인생이 바로 무사안일주의다. 인생에서 정점에 오를 일 없이, 고통을 극복하며 성취할 목표도 없이, 아무 일도 일어나지 않고 그저 인생이 이대로 흘러가길 바란다. 이러한 삶의 방식이 니체가 예언한 '종말인'의 삶의 방식과 무엇이 다르다고 할 수 있을 것인가.

니체는 발전이 없는 인생을 극복하기 위한 하나의 방법으로 초인사상 철학을 제안했다. 따라서 정말로 초인이 되라고 말하는 것이 아니다. 실제로 초인이 될 수 있는지 여부는 문제가 아니다. 초인이 되고자 하는 '힘에의 의지', 다시 말해 "강해지고 싶다!", "진정한 것(진리)을 알고 싶다!"라는 인간의 타고난, 근원적인 뜨거운 마음을 자각하고 그것을 피하지 않고 살아가는 것이 종말인 상태를 극복하기 위해서 필요하다고 말하는 것이다.

물론 "그래도 나는 인간이니까……"라며 포기해버릴지도 모르겠다. 하지만 초인이 되고 싶다고 원하고 계속 생각하는 마음이야말로 중요하다.

초인이 되고 싶다. 강해지고 싶다. 솔직하게 인생을 살고 싶다. 이렇게 솔직하게 갈망하고 '신'이든 '국가'든 그 누구에게도 강요받지 않고 자신이 결정해 스스로 실천하며 산다. 이 이외에 우리가 만족하며 살고 만족하며 죽을 수 있는 인생은 결코 없을 것이다. '신'이나 '도덕'이라는 기존의 가치관은 신이 죽은 세계를 살고 있는 우리에게 더 이상 살아가야 할 가치관이 될 수 없기 때문이다.

존재의 '진리'

존재한다는 건 어떤 의미일까?

[고대]
존재의 근원을 탐구한 사나이들
헤라클레이토스
파르메니데스
데모크리토스

[근대]
존재란 사물? or 지각?
뉴턴
버클리

[현대]
'존재한다'는 최대 수수께끼에 도전!
후설
하이데거
소쉬르

'사물이 있다'는 당연한 말. 이 당연한 말에 관해 생각하는 것에서 철학, 과학, 모든 학문이 시작됐다. 어떤 사람은 원자나 분자가 모여 완성된 것이 사물의 정체라고 말한다. 또 어떤 사람은 인간의 지각이 만들어낸 형상이 사물의 정체라고 말한다. 본디 '사물이 있다'에서 '있다'라는 말은 어떤 의미일까? 만약 세계가 신이 만들어낸 환영이고 환영을 인간이 현실이라고 믿고 있을 뿐이라면……. 그곳에 있는 사과는 과연 '존재한다'고 말할 수 있을까? 인류의 가장 오래된 문제, '존재'의 수수께끼에 과감히 맞선 철학자들의 역사.
마지막 장. 드디어 시작!

뉴턴 vs 버클리

존재는 변화한다

인간을 싫어한 자연 철학자 **헤라클레이토스**

필 살 기

만물유전설

**난해하고 수수께끼 같은 문장(맥락이 없는 격언 풍의 산문)과 과격한
성미 때문에 '어두운 철학자' 또는 '우는 철학자' 등으로 불린다.**

▲ 기원전 540년경~기원전 480년경 ▲ 출신지: 그리스

우리는 보통 당연하다는 듯 "저기에 사과가 존재한다"라고 말한다. 하지만 '존재한다'는 것은 대체 무슨 의미일까?

본래 철학사는 기원전 600년경, 인류 최초의 철학자로 불리는 탈레스가 **"만물의 근원은 물이다"**라고 말한 것에서 시작됐다고 한다. 그의 말은 '돌이나 사과 같은 존재(만물)는 원래 무엇이었을까?'라는 문제를 인류가 아주 먼 옛날부터 끊임없이 생각해왔다는 것을 보여준다. 그리고 이런 존재의 문제에 관해서 탈레스는 "아마도 물 같은 게 배후에 있지 않을까? 어떤 것이든 바싹 마르면 흙이 되어버리잖아"라고 생각했다.

탈레스 이후에도 '존재의 문제'는 계속 이어졌다. 그의 제자인 아낙시만드로스는 "아니야. 존재의 정체는 사실 '무한정한 물질'이야"라고 말했고, 아낙시만드로스의 제자인 아낙시메네스는 "아니야. 존재는 사실 '공기(호흡)'가 뭉친 거야"라 말하는 등, 여러 가설이 제시됐다. 이렇게 "존재란 무엇인가?"라는 질문은 인류의 가장 오래되고 근원적인 문제였다.

앞서 언급했던 탈레스부터 이어진 가설들은 현대에 사는 우리에게는 "완전히 틀렸어" 하고 일축해버릴 수 있는 유치한 생각처럼 보인다. 혹시 이런 식으로 생각하는 사람도 있을지 모르겠다.

"뭐, 어쩔 수 없지. 현미경도 없던 기원전 옛날이잖아. 그런 시대에 '존재는 무엇인가'라고 물어봤자 알 길이 없지. 생각해봤자 소용없어."

사실 그렇지 않다. 과학적인 지식도 도구도 없던 고대 시대에 철학자들은 '사고하는 것'만을 무기로 결국 현대과학에서도 통하는 획기적인 이론에 도달했다. 그 첫 발걸음을 뗀 자가 **헤라클레이토스**다. 그는 존재에 관해서 이렇게 말했다.

"만물은 흐른다."

헤라클레이토스의 말은 결국 "이 세상에 영원불변한 존재는 없다. 형태를 지닌 모든 것은 언젠가는 부서지고 형태가 변해 흐를 것이다"라는 이야기다. 단단한 돌이라도 두들기면 깨지고, 깨지지 않더라도 돌끼리 서로 비비면 조금은 깎인다. 조금이라도 깎인다면 완전히 영원불변하다고 할 수 없다. 영원이라는 긴 시간을 상정하면 돌도 언젠가는 부서지고 결국 모래가 되어 사라져버리는 것은 자명하다.

자잘한 모래가 된 돌은 그 후 어떻게 될까? 모래가 되어버렸기 때문에 대지(흙)의 일부가 될 것이다. 그러나 잘 생각해

보면 대지에서 나무가 자라고 사과가 열린다. 그렇다면 사과는 그 부서진 돌이 변화한 것이 된다.

헤라클레이토스는 이런 관찰을 통해 '존재는 그 모습을 바꿔 다른 것으로 변화한다'는 발상에 이르게 된 것일지 모른다. 그는 존재의 문제에서 "돌이나 사과는 무엇으로 되어 있을까?"라는 관점이 아니라 "존재들의 공통점은 무엇일까?"라는, 그때까지 철학자들이 생각하지 못한 접근방식에 도전했다는 점에서 위대하다. 헤라클레이토스는 존재를 곰곰이 관찰하고 '만물은 모두 변화한다'는 공통점을 발견했다. 그리고 돌은 흙이 되고, 흙은 나무가 되고, 나무는 사과가 된다는 것을 직관했다. 과연 이런 변화는 아무렇게나 되는 대로 일어나는 것일까? 그렇지 않다. 그는 변화에 만물 공통의 어떤 규칙이 존재한다고 생각했다. 그는 이 규칙을 **로고스**(법칙)라 불렀다.

기원전 옛날, 돌은 돌로 사과는 사과로 생각할 수밖에 없었던 시대에 헤라클레이토스는 돌이나 사과를 포함한 존재의 정체가 '일정한 법칙에 따라 끊임없이 변화하는 어떤 것'임을 발견했다. 그의 첫걸음은 인류에 틀림없이 큰 영향을 끼쳤다.

존재는 불변이다

명문가 출신의 합리주의자 **파르메니데스**

필 살 기

만물불변설

**"'있다'는 것은 어떤 의미인가?"를 철학사상 처음 논리적으로
탐구한 인물. 감각보다 이성을 믿는 합리주의의 아버지로 불린다.**

▲ 기원전 515년경~기원전 450년경 ▲ 출신지: 이탈리아

헤라클레이토스는 "만물은 변화한다"고 주장하고, 변화는 일정한 법칙(로고스)의 지배를 받는다고 생각했다. 하지만 그런 헤라클레이토스의 주장에 정면으로 반대한 자가 그와 동시대를 살던 철학자 **파르메니데스**다. 파르메니데스는 이렇게 생각했다.

"그게 아니야. 존재가 변화한다니 말도 안 돼. 존재란 결코 변화하지 않는 어떤 것일세."

그는 왜 이런 결론에 이르렀을까? 본래 그때까지의 철학자들은 존재의 문제에 관해 '감각적'으로 생각했다. 인류 최초의 철학자 탈레스는 만물의 근원이 물이라고 주장했고 아낙시메네스는 만물의 근원이 공기라고 주장했지만, 이러한 생각은 어디까지나 감각적으로 "분명 이렇지 않을까?" 하고 느낌대로 말한 것뿐이다. 헤라클레이토스도 마찬가지였다. 그도 '존재는 변화하는 것처럼 보이기 때문에'라는 감각을 주장의 근거로 삼았다. 그러나 감각은 사람에 따라 조금씩 다르기 때문에 감각을 근거로 하면 철학자마다 각기 다른 결론에 도달한다.

감각에 따른 논리로는 명확히 해결이 나지 않는다. 파르메니데스는 감각이 아닌 이성을 사용해 누가 생각해도 분명히 같은 결론이 나올만한 논리적인 방법으로 존재의 문제에 파고들어야 한다고 생각했다. 그는 아래와 같이 주장했다고 전해진다.

"존재하는 것은 존재해. 존재하지 않는 것은 존재하지 않아."

어찌 보면 당연한 말에 당시 사람들은 그의 철학을 비웃었다. 누구나 당연하다고 비웃을 정도로 자명한 일이라고 할 수 있다. 그는 이렇게 당연하다고 생각되는 것을 쌓는 것이 중요하다고 생각했다. 그래서 그는 이렇게 주장했다.

"존재하는 것이 존재하지 않게 되는 일은 없네. 즉, '유'는 결코 '무'가 될 수 없지."

잠시 생각해보자. 사과가 한 개 있다고 하자. 이 사과를 계속 잘라서 작게 만들어보자. 그리고 작게 만든 사과의 파편도 계속해서 점점 더 작게 만든다. 이렇게 끝없이 분해하는 작업을 반복하면 어떻게 될까? 한 가지 확실한 사실은 **사과의 파편을 아무리 작게 잘라도 그저 작아질 뿐이고 사라지**

지는 않는다는 점이다.

이는 마치 당연한 일 같지만 사실 매우 중요한 사고방식이다. 사과를 잘게 자르면 감각적으로는 사라진 것처럼 보이기 때문이다. 하지만 이성적으로 생각하면 "아니야, 사라지지 않았어. 그저 사과의 파편이 작아졌을 뿐이야"라는, 감각과는 다른 결론이 나온다. 이성이 이끄는 쪽의 결론은 모든 사람이 납득할 수 있는 공통된 결론이자 감각에서 나온 주장보다 훨씬 믿을 수 있다.

비슷하게, 이성적으로 눈앞의 사과가 갑자기 요술처럼 멜론으로 변하는 일도 있을 수 없다. 사과는 사과다. 그리고 사과를 아무리 작게 분해해도 역시 '작아진 사과'가 될 뿐이기에 그것이 갑자기 '작아진 멜론'으로 변할 일도 있을 수 없다. 감각적으로 보면 존재가 변화하는 것처럼 보이지만, 이성적으로 사고하면 존재를 구성하는 것은 결코 사라지지 않고 변화하지도 않는다는 생각이 타당하다는 결론이 나온다. 이리하여 파르메니데스는 **존재는 변화하지 않는다**고 생각했다.

존재는 원자로 구성되어 있다

박학다식한 웃는 철학자 **데모크리토스**

필 살 기

원자론

물리학·천문학·심리학 등 철학 이외에도 다양한 학문에 박식해 지혜Sophia라고 불렸지만, 플라톤에게는 부정됐다.

▲ 기원전 460년경~기원전 370년경 ▲ 출신지: 그리스

헤라클레이토스는 "존재는 변화한다"라고 말했고 파르메니데스는 "존재는 변화하지 않는다"라고 말했다. **만물유전 vs 만물불변** 둘 중 과연 어느 쪽이 맞을까?

왠지 파르메니데스의 주장이 감각에 따르지 않고 이성으로 생각하기 때문에 합리적이고 맞는 것처럼 느껴진다. 하지만 헤라클레이토스의 "만물(존재)이란 법칙에 따라 변화해가는 어떤 것이다"라는 주장도 매우 설득력 있어 보인다. 상반되는 두 철학자의 주장을 계승해 고대 그리스 철학에서 존재의 문제를 완성한 자가 **데모크리토스**다.

파르메니데스는 사과를 아무리 분해해도 사과의 파편이 점점 작아질 뿐 결코 사라지지는 않는다고 생각했지만 데모크리토스는 그 사고를 더욱 발전시켜 끝없이 분해하면 마지막에는 더 이상 절대 분해할 수 없는 낱알, 즉 '궁극의 존재'에 이른다고 생각했다. 그리고 이런 '궁극의 존재(절대로 분해할 수 없는 낱알)'에 원자라는 이름을 붙이고 그 원자가 공허(공간)를 돌면서 다른 입자와 결합하거나 분리함으로써 세계가 완성된다는, 지금까지 존재하지 않던 획기적인 존재이론인 **원자론**을 완성했다.

과연 이렇게 생각하면 원자(존재)는 결코 변화하지 않지만 원자가 일정한 법칙에 따라 결합하거나 분리하는 것으로

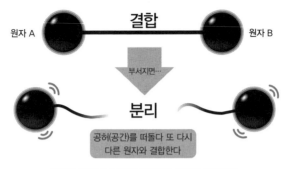

원자 A **결합** 원자 B

부서지면…

분리

공허(공간)를 떠돌다 또 다시
다른 원자와 결합한다

원자가 '결합'과 '분리'를 반복하며 만물을 형성한다.

만물이 변화하는 것처럼 보인다는 이야기가 되므로 헤라클레이토스의 주장과 파르메니데스의 주장 모두 모순 없이 받아들일 수 있다. 데모크리토스는 원자론이라는 새로운 생각을 제시함으로써 대립하는 두 주장이 동시에 성립할 수 있다는 것을 훌륭하게 보여줬다. (이것이 변증법이다.)

덧붙여 데모크리토스는 이 세상의 모든 것이 원자라는 물질로 구성되어 있기 때문에 인간이 죽는 것은 육체를 구성하는 원자가 단순히 흩어지는 것에 불과하다고 주장했다. 따라서 그는 사후 세계는 존재하지 않는다는 '유물론적 세계관'을 명확히 주장한 인물이기도 하다. 사후 세계는 없기 때문에 사는 동안 많이 즐기자고 주장했고 스스로 즐기는 삶을 실천했다. 그래서 데모크리토스에게 '웃는 철학자'라는 별명이 생겼으며, 그의 사상은 에피쿠로스에게 계승됐다.

이렇게 고대라는 시대에 '존재의 문제'를 모두 해결한 획기적인 원자론이지만 안타깝게도 기원전 고대 그리스에는 현미경도, 화학이란 학문도 존재하지 않았다. 다시 말해 데모크리토스가 겨우 원자론을 발견했어도 누구도 그것을 증명할 방법이 없었다. 그 때문에 탈레스부터 시작된 '존재란 무엇인가'라는 탐구는 여기서 일단 막혀버렸다. 하지만 현대 과학에서도 통하는 이론을 기원전 옛날에 생각만으로 구축한 점은 기적이라고 할 수밖에 없다.

지상계와 천상계의 운동을 밝혀내다

근대과학의 신 **뉴턴**

필 살 기

뉴턴 역학

21세에 '만유인력' '빛의 분석' '미분적분'이라는 세 가지 위대한
발견을 했다. 말년에는 성서 연구나 연금술에 몰두한다.

▲1642년~1727년 ▲출신지: 영국 ▲대표 저서: 《프린키피아》

기원전 고대에 데모크리토스는 궁극의 이론 '원자론'을 이끌어냈다. 하지만 그 후 과학이 발달하고 다시 원자론이 논의되기까지 거의 2000년 가까운 시간이 필요했다. 왜 이렇게 오랜 시간이 걸렸을까? 단적으로 말하면 종교가 세계를 지배한 미신의 시대가 길게 이어졌기 때문이다. 400년경, 그리스도교는 로마제국을 시작으로 다양한 나라의 국교가 됐고 서양에서 절대적인 권위를 획득하는 데 성공했다. 하지만 이때 교회 조직은 민중에게서 책을 빼앗아 고대부터 이어진 '교육'이라는 실을 끊어버린다.

잠시 상상해보자. 지금부터 천 년간 책을 불태워 학교 교육을 완전히 차단해버린다고 하자. 그렇다면 천 년이 지난 후의 아이들은 우리가 현재 사용하는 컴퓨터나 스마트폰을 다시 만들 수 있을까? 아마도 만들지 못할 것이다. 교육이 중단되면 문명은 완전히 붕괴한다. 이와 같은 문명의 붕괴가 400년경 인류에게도 일어난 것이다.

본래 고대 기원전 시대는 우리가 생각하는 것만큼 낡고 뒤처진 시대는 아니었다. 당시 도시에는 이미 하수도가 있었고 공중목욕탕도 있었다. 거리에는 거대한 건축물이 당당히 서 있었고 누구라도 공공도서관을 이용해 자유롭게 학문을 배울 수 있었다. 고대인들은 이 정도로 기능성 있는 대도시에 살고 있었다.

하지만 400년경 그리스도교가 천하를 재패하고 난 이후 겨우 백 년 만에 이러한 도시기반이나 건축기술이 모두 사라져버린다. 앞서 언급했듯 그리스도교 조직이 민중에게 책과 교육을 차단했기 때문이다. 이리하여 민중 대부분이 글을 읽지 못하는 상태가 되어버렸다. 또한 마을에 병이 유행하면 "저기 사는 할머니가 마녀라서 저주를 걸었기 때문이다"라는 소문이 흐르고, 소문 때문에 마녀사냥이 일어날 정도로 모두가 미신과 판타지 속에서 살았다.

중세시대는 소위 '암흑시대'라 불렸다. 물론 '중세시대=나쁜 시대'라는 도식은 단편적인 생각이며 중세시대에도 좋은 점이 다양했다는 견해도 있다. 하지만 적어도 종교가 권력을 쥔 결과로 문명이 쇠퇴했다는 점은 명확한 역사적 사실이다.

그 후 교회 조직은 점점 부패해 권력이 쇠퇴했다. 이로 인해 고대의 학문을 되찾자는 운동(르네상스)이 일어나 '이성적인 사고'가 중시됐다. 인류는 지금까지의 낙후를 복원하려는 듯 수학이나 과학 같은 학문을 급속히 발전시켰고, 근대라는 '이성의 시대'로 돌입했다.

만유인력의 법칙

17세기에 **과학의 신**이라 불리는 사나이, **뉴턴**이 등장한다. 뉴턴이라 하면 가장 유명한 것이 **만유인력의 법칙**이다. 만유인력의 법칙이란 간단히 말해 '두 물체 사이에는 물체의 질량의 제곱에 비례하고 물체 간 거리의 제곱에 반비례하는 인력(서로 끌어당기는 힘)이 작용한다'는 법칙을 의미한다. 일반적으로 이 법칙은 뉴턴이 사과가 나무에서 떨어지는 모습을 보고 발견했다고 알려져 있다. 그러나 이는 후세 사람들이 지어낸 이야기로, 사실이 아니라고 한다.

뉴턴의 발견이 '사과가 지면에 떨어지는 것은 사과와 지구 사이에 인력이 있다는 의미다'라는 단순한 사실이었다면 그다지 대단한 일은 아니었을 것이다. 그 정도였다면 우리도 생각해낼 수 있었을지 모른다. 게다가 뉴턴 이전부터 과학자들 사이에서 지구 인력의 존재는 이미 잘 알려져 있었고 당연한 상식이었다. 따라서 단순히 인력이 존재한다고 주장했다 해도 대단한 발견도 아니고 과학의 신이라 불릴 정도는 더더욱 아니다.

그러면 그는 어떻게 과학의 신이 될 수 있었을까?

바로 뉴턴이 사과가 지구에 떨어지는 힘을 통해 달이 지구에 떨어지지 않는 이유를 설명하는 데 성공했기 때문이다. 잠시 아래의 그림을 보자. 달을 공이라고 가정하고 힘껏 던지면 휙 하고 날아가겠지만, 만약 던진 곳에 지구가 있다면 달도 사과처럼 지구 사이에 발생한 인력에 끌려간다. 이때 던진 달의 힘이 강하면 인력에 조금만 끌리기 때문에 달은 멀리 날아가버리고, 힘이 약하면 달은 지구와 충돌한다.

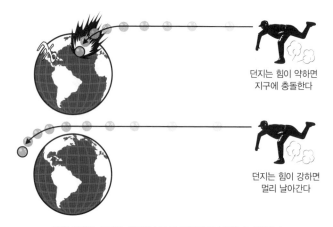

던지는 힘이 약하면
지구에 충돌한다

던지는 힘이 강하면
멀리 날아간다

달을 거대한 사과로 생각함으로써 만유인력의 법칙이 탄생했다.

하지만 만약 적당한 정도의 힘이라면 어떻게 될까. 달은 지구 주변을 뱅글뱅글 돌 것이다. 이는 돌 때 발생하는 원심력(바깥쪽으로 가고자 하는 힘)과 달과 지구 사이의 인력(안쪽으로 가고자 하는 힘)이 서로 알맞게 균형을 잡고 있기 때문이다. 단지 이러한 이유로 달은 지구로 떨어지지 않고 계속 도는 것이다. 그래서 사과도 지구를 향해 능숙히 던지면 달이 될 수도 있다. 이를 알게 된 당시 사람들의 충격은 얼마나 컸을까.

오래전부터 하늘의 별은 신비하고 특별한 존재였다. 사과는 나무에서 떨어지지만 별은 하늘에서 떨어지지 않기 때문이다. 하늘은 특별하고 인간이 헤아릴 수 없는 장소라고 생각할 수밖에 없었을 것이다. 그래서 하늘은 지상과는 다른 물리법칙의 지배를 받는 세계라 생각했다. 또한 사과가 지구에 떨어지는 것도 지구가 특별한 별이어서 물체를 끄는 신비한 힘이 있기 때문이라고 생각하는 과학자도 많았다.

하지만 뉴턴은 이러한 현상을 특별하게 취급하지 않았다.

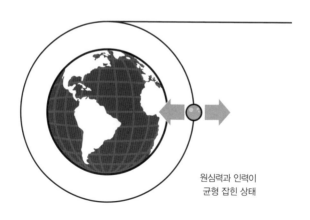

원심력과 인력이
균형 잡힌 상태

그는 지구, 달, 태양과 같은 하늘의 모든 별이 그저 거대한 물체, 즉 '거대한 사과'와 똑같다고 생각했다. 그리고 지상의 물리법칙으로 별의 운동을 훌륭하게 설명했다. 더욱이 그는 새롭게 발명한 **미분**이라는 수학을 사용해 모든 물체 운동을 설명하는 수식(역학 방정식)을 기술하는 것까지 성공했다. 뉴턴의 이 방정식을 사용하면 사과나 달, 그리고 별을 포함한 모든 사물의 운동을 예측할 수 있다.

그는 지상의 운동과 하늘의 운동을 동일하게 취급하고 예측할 수 있는 과학 체계를 오로지 혼자서 창안했다. 이 성과로 인해 뉴턴은 '과학의 신'이라 불리게 됐다.

존재하는 것은 지각된 것이다

영국 경험론의 일인자 버클리

필살기

주관적 관념론

버클리의 학설은 '비물질론', '정신주의' 같은 낙인이 찍혀 때로 놀림거리가 되기도 했다. 죽기 20년 전부터는 주교로 활동했다.

▲1685년~1753년 ▲출신지: 아일랜드 ▲대표 저서: 《인지원리론》

뉴턴의 역학 체계 완성은 매우 큰 성과였다. 그러나 그 후 양자역학이라는 새로운 과학이론이 나타나고, 사람들은 우주를 뉴턴 역학같이 단순한 공 운동으로는 설명할 수 없다는 것을 깨달았다. 그러나 이것도 먼 훗날의 이야기다. 어쨌든 뉴턴 역학으로 이 세상의 대부분을 설명할 수 있게 됐다. 하지만 뉴턴 역학은 어디까지나 물질이 어떻게 움직이는지에 관한 이론이고 "물질이란 무엇인가?" 혹은 "본래부터 물질이 존재한다는 게 어떤 의미인가?"와 같은 존재의 문제에 명확한 답을 제시하지는 못했다. 그때 아일랜드 철학자 **버클리**가 놀라운 이야기를 꺼낸다.

"존재하는 것은 지각된 것이네."

돌이나 사과가 존재하는 것은 확고한 물질로서 그곳에 있기 때문이 아니라 정신이 지각하기 때문에 존재한다는 주장이다. 이는 당시, 아니 현대에도 과학적 상식에서 많이 벗어난 이론이기 때문에 많은 반론을 일으켰다. 버클리의 주장은 상식에 반하기는 하지만 한번 들어보면 존재의 문제에 관해 매우 정확한 지적을 하는 듯 보인다.

우선 통상 우리는 사과라는 물질이 존재하기 때문에 사

과의 단단함을 느끼거나 사과의 빨간색을 느낄 수 있다고 생각한다. 하지만 실제로는 사과의 단단함이나 사과의 빨간색을 느끼기 때문에 사과가 있다고 생각하는 것은 아닐까?

그렇다면 '사과가 존재한다'는 것은 물질의 존재가 중심이 아니라 오히려 단단함이나 색을 느끼는 지각이 중심이라고 생각할 수도 있다. 반대로 생각해서 만약 단단함도 색도 느낄 수 없는 사과가 있다면 어떨까?

어떤 원자에도 반응하지 않는 '미지의 입자 X'가 있다고 하자. 이 미지의 입자 X로 구성된 사과가 우리 세상에 쌓이듯 존재하는 것만으로 우리는 그것이 존재한다고 말할 수 있을까? 엄격히 말해서 존재한다고 말할 수는 없을 것이다. 그런 사과는 우리에게 명확한 존재가 아니기 때문이다. 물론 "아니야. 인간이 관측할 수 없을 뿐이지 사실은 존재하고 있을지 몰라!" 하고 반론할 수는 있다.

하지만 그렇게 존재한다고 말해봤자 아무 의미도 없다. "관측도 설명도 할 수 없지만 사실은 존재해" 하고 말한다고 일단락되지 않는다.

"볼 수도 없고 증명할 수도 없지만 하늘이 노란색이고 구름이 새빨간 세상이 있을지도 몰라."

통상 우리는 볼 수 없는 것을 존재한다고 말하지 않는다. 그러면 결국 존재한다는 개념의 유래는 '물질이 있는 것'이 아니라 '정신이 지각할 수 있는 것'이기 때문에 정신의 지각 자체가 존재라고 말할 수 있다. 버클리가 이러한 철학을 펼쳤을 때 세상은 이미 물질적 세계의 소박한 실재론★을 믿었기 때문에 모두 충격을 받았고 그의 철학에 매우 반발했다. 버클리가 미쳤다고 말하는 사람까지 나타날 정도였다.

하지만 우리도 어릴 때 이런 생각을 해본 적이 있지 않은가?

"내가 방에서 나왔을 때 아직도 방이 존재한다고 정말로 말할 수 있을까?"

"3D 게임처럼 내가 뒤를 쳐다봤을 때만 비로소 세계가 펼쳐지는 것은 아닐까?"

"보는 것도 만지는 것도 불가능한, 어떤 원자도 간섭할 수 없는 물질이 과연 존재할까?"

★　**소박한 실재론** 세상을 있는 그대로 정확히 바라본다는 가정으로, 있는 그대로의 세상을 보기 때문에 자신의 주관적인 경험과 객관적 현실 사이에 어떤 왜곡도 없다고 믿는 경향을 말한다.

이렇게 존재에 대한 소박한 의문, 상식에 대한 의심에서 버클리의 철학이 시작됐다.

모든 현상은 어디에서 오는 것인가?

철학의 근원 '현상학'의 제창자 후설

필 살 기

현상학적 환원

하이데거를 자신의 후계자로 점찍었지만 철학적 입장의 차이가
명확하여 그와 결별했다. 유대인이었기 때문에
나치스 정권에 의해 대학에서 쫓겨났다.

▲1859년~1938년 ▲출신지: 오스트리아
▲대표 저서: 《순수현상학과 현상학적 철학의 이념들》

"인간의 정신(의식)이 지각하기 때문에 물질(사물)이 존재한다."

이렇게 대담하게 주장한 버클리 철학은 확실히 흥미로운 명제였다.

하지만 그것에 반하는 주장도 할 수 있다. 우리의 일상적인 감각에 따르면 "아닙니다, 오히려 그 반대죠. 물질(사물)이 존재하기 때문에 인간이 사물을 지각할 수 있죠"라고 말하고 싶은 지점도 있다. 기본적으로 우리는 다음과 같은 세계관으로 사물을 파악하기 때문이다.

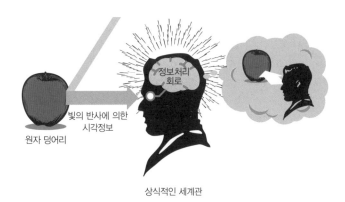

상식적인 세계관

'원자라는 물질이 떠다니는 끝없는 삼차원 공간의 우주에서 어떤 인과관계와 물질이 감쪽같이 잘 맞아 인간이라는 뇌가 탄생한다. 그리고 뇌가 어떤 물질을 지각해 사과가 있다고 판단(정보처리)한다'는 자연과학적 세계관이다. 이 세계관에 따르면 인간이 지각하든 말든, 아니 오히려 모든 인간이 죽어 사라져버린다면 원자 덩어리인 사과는 무엇과도 상관없이 세상에 존재할 것이다. 원자는 인간과 관계없이 단지 물리법칙에 따라 우주를 떠다닐 뿐이기 때문이다.

우리에게 일상적으로 익숙한 이러한 세계관으로 생각한다면 버클리의 철학은 전혀 성립하지 않는다. 역시 그의 철학은 단순한 이론에 불과한 것처럼 느껴진다.

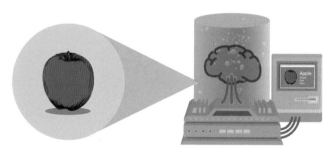

SF(사이언스 픽션)적 세계관

아니다. 잠시만 결론을 보류하자. 확실히 방금 설명한 세계관은 매우 상식적이고 타당한 것처럼 보인다. 그래도 잠깐 설명을 들어보길 바란다. 위의 그림이 세계의 진정한 모습일지도 모르기 때문이다! 만약 당신이 교통사고로 치명상을 입고 뇌만 간신히 살아남아 수조 속에 살게 됐다고 하자. 그리고 뇌에는 컴퓨터가 접속되어 있어 컴퓨터가 다양한 자극을 뇌에 전달하면 당신은 사과의 단단함이나 맛 등을 느낄 수 있다. 그렇다면 당연히 사과는 우리가 상상하는 것처럼 객관적인 물질로서 이 세상에 존재하지 않으며, 오히려 버클리의 철학이 옳다는 결론이 난다.

물론 이런 SF(조금 이상한) 느낌의 가정은 어떤 근거도 없어서 멍청한 생각처럼 느껴질 수도 있다. 그런데 절대 말도 안 된다고 단언할 수 있을까?

오스트리아 철학자 **후설**은 이 세계가 다른 세상의 수조 속에 있는 뇌가 꾸는 꿈일지도 모른다는 의혹에 관해 이렇게 결론짓는다.

"우와, 나 수조 속에 있잖아!"

계속해서 깨어나도 결국 수조 속 뇌가 꾸는 꿈

"그런 것은 증명 불가능하기 때문에 생각하는 것조차 쓸데없네!"

정말 멋없는 결론이지만 이게 그가 말한 그대로다. 실제로 "저는 수조에 떠 있는 뇌가 아닙니다!"를 어떻게 증명할 수 있단 말인가? 만약 "○○이니까, △△ 때문에 나는 수조 속 뇌가 아닙니다!"라고 어떠한 증거를 이끌어낸다 해도 아무런 의미가 없다. 다른 세상의 수조 속 뇌가 수조에 떠 있는 뇌가 아니라고 믿는 꿈을 꾸고 있을 뿐이라는 가능성이 있기 때문이다. 또한 우리가 어떤 일을 계기로 수조 속 뇌로 눈을 떠 "우와! 내가 수조 속에 있잖아! 수조가 진짜 세계였단 말이야?" 하고 깨달았다 해도 이 역시 의미가 없다. 그것조차도 또 다른 세계의 수조 속 뇌가 꾸는 꿈일지 모른다는 의혹을 풀 수 없기 때문이다.

결국 아무리 생각해도 '다른 세계의 뇌가 ……라고 생각하는 것일지도 모른다'는 의혹이 생기기 때문에 원리적으로 이러한 의혹을 해소할 수 있는 희망은 전혀 없다. 그리고 이러한 의혹을 해소할 수 없다는 사실은 우리의 인식을 구성하는 '외부 세계'가 실제로 어떤 모습인지 결코 알 수 없다는 것을 의미한다.

그렇다면 우리가 당연하게 상식으로 생각하는 확실한 세

계관, 즉 세계는 원자가 떠다니고 있는 삼차원 공간이며 우리는 그 세계 속에서 살고 있다는 생각은 대체 무엇이란 말인가? 후설은 그 생각에 대해 이렇게 말한다.

"그런 생각은 믿음에 불과해!"

후설에 따르면 우리는 상식적인 세계관이든 무엇이든 진위를 알 수 없는데도 그게 분명하다고 확신하고 있을 뿐이기 때문에 우리의 생각은 믿음에 불과하다. 하지만 그렇다면 인류가 몇천 년이나 걸려서 정립한 세계관, 즉 데모크리토스의 원자론이나 뉴턴의 역학체계 같은 과학이론도 모두 진위를 알 수 없는 믿음에 불과한 것이 된다. 정말 희망이 없는 이야기가 아닐까. 하지만 그때 후설은 다음과 같이 주장한다.

"전혀 상관없어!"

우리는 다른 세상의 수조 속에 둥둥 떠 있는 뇌로 단지 꿈을 꾸고 있을 뿐인지도 모른다. 그리고 '우주는 원자가 떠다니는 삼차원 공간'이라는 우리가 믿는 세계관은 완전히 엉

터리일지도 모른다. 하지만 인간이 만들어낸 어떤 세계관이나 과학이론은 결국 모두 '뇌 속'에서 태어났다. 즉, 뇌가 두개골 안에 있든, 다른 세상의 수조 속에 있든 '뇌의 내부(주관적인 의식 체험 속)'에서 일어난 일임에는 변함이 없다. 그렇기 때문에 '뇌의 외부'가 어떻게 되어 있는지는 본래 전혀 문제되지 않으며 상관없는 일이다.

이러한 생각에서 후설은 어떤 과학이론이 옳은지 아닌지(뇌 외부의 객관적인 세계와 이론이 정말로 잘 맞는지 아닌지)보다도 왜 그러한 과학이론이 뇌의 내부에서 생긴 것인지 '기원'을 물어봐야 한다고 주장했다.

예를 들어 '이 세계는 삼차원 공간이다'라는 과학이론의 진위는 객관적인 관점으로 따질 수 없다. 객관적인 존재라고 믿고 있는 이 세계 자체가 본래 꿈일지도 모르기 때문이다. 하지만 만약 이 세계가 꿈이라 해도 "왜 꿈속에서 나는 '삼차원 공간의 우주에서 살고 있다'는 과학이론을 옳다고 확신하게 됐을까?"라는 형식의 문제로 생각한다면 답을 낼 수 있을 것이다.

구체적으로 우리는 무엇으로 어떤 과학이론이 옳다고 확신할 수 있을까?

주관적인 의식체험

후설은 모든 확신이 전부 **주관적인 의식 체험**에서 시작된다고 생각했다. 여기서 말하는 '주관적인 의식 체험'은 요약하면 아래의 그림과 같다.

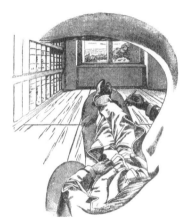

후설에게 영향을 준 철학자 에른스트 마흐의 그림★

이 그림은 후설의 철학을 설명할 때 자주 사용되는 유명한 작품이다. 명확한 것은 우리에게는 이 그림처럼 '주관적

★ 철학자 에른스트 마흐의 저서 《감각의 분석》에 게재된 〈거울 없는 자화상〉이다. 마흐는 진정한 의미의 자화상은 남이 그려준 것이 아니라 자신의 눈으로 본 자신을 그리는 것이라 생각했다.

시점'에서 의식 체험이 일어난다는 사실이다. 어쩌면 이 그림처럼 풍경을 보는 의식 체험은 다른 세상의 '수조 속 뇌'가 꾸고 있는 꿈에 불과할지 모른다. 하지만 꿈이라고 해도 풍경을 보고 있다는 사실 자체는 변함없는 사실이며, 풍경의 체험(주관적인 의식 체험)에 기인해서 '이러이러한 물리법칙에 따른 세계가 있구나' 하는 확신을 얻는 것도 변함없는 사실이다.

따라서 '이 세계는 삼차원 공간이다'라고 확신할 수 있는 이유는 풍경의 체험, 즉 주관적인 시점의 의식 체험에서 사과처럼 빨갛고 둥근 것이 원근법이라는 일정한 법칙에 따라 커지거나 작아지기 때문이라고 할 수 있다. 물론 시각뿐만 아니라 촉각 등 여러 감각을 포함한 이야기다. 어쨌든 의식 체험이 없다면 삼차원 공간이 어떻다는 말은 할 수 없을 것이다.

물론 이런 의식 체험은 꿈일지도 모르고, 우리의 뇌가 이상한 필터로 인해 착각한 것일 수도 있기 때문에 세계의 진정한 모습은 삼차원 공간이 전혀 아닐 수도 있다. 그래도 적어도 이런 의식 체험이 우리에게 일어나기 때문에 세계가 삼차원 공간이라 생각한다는 주장은 그것이 꿈이든 뭐든 사실로서 이야기할 수 있다.

후설은 이러한 사고법에 따라 객관적 세계와 물리적 세계

주관적인 의식체험
확실하고 발단이 되는 사실적인 현상

상상

우리의 세계관
발단에서 만들어진 상상에 불과하다

사과가 있기 때문에 사과가 보이는 것이 아니라
사과가 보이기 때문에 사과가 있다고 생각하는 것이다.

가 실재한다는 전제를 '믿음'이라 단언하고 모든 것을 처음부터 다시 생각하고자 했다는 점에서 위대하다. 후설은 우리의 주관적인 의식 위에서 일어나는 모든 체험을 **현상**이라 불렀다. 그리고 현상(의식 체험)에서 어떠한 믿음(인간의 판단)이 만들어지는지 학문적으로 다시 파악하자고 제안하며 **현상학**이라는 학문을 만들었다.

현상학은 '의식 안에서 실제로 일어나는 일은 무엇인가?'라는 근원적인 문제에서 시작해 '주관적인 의식 체험 때문에 인간은 이런 세계관과 과학이론을 가지게 됐다'는 방식으로, 인간의 상식이나 과학지식을 모두 의식 체험의 관점에서 새롭게 기술한 학문이다. 실제로 철학, 수학, 물리학도, '왜 그 것이 성립한다고 말할 수 있는가?' 또는 '왜 그런 생각이 나왔는가?'와 같은 질문도 원류를 좇으면 "우리에게는 의식 체험이 일어나고 있어요. 그래서 그런 학문을 생각한 거예요"라든지 "그러니까 우리는 이런 학문이 성립한다고 판단할 수 있어요"라고 답할 수 있다. 즉, 인간의 모든 생각이나 이론은 '의식 체험 때문에 이렇게 생각했다'는 형식으로 환원할 수 있다. 이를 현상학적 환원이라 한다.

후설은 현상학이라는 의식 체험의 학문을 모든 학문의 시작으로 두고, 모든 학문을 이 현상학의 입장에서 설명하려는 웅대한 계획을 세웠다.

ROUND 30

존재는 인간 안에서 생긴다

존재의 수수께끼를 푼 사나이 **하이데거**

필 살 기

존재론

후설의 후임으로서 프라이부르크 대학교수로 임명됐다.
나치스에 입당해 그 배경으로 대학총장에 취임했지만
제2차 세계대전 이후 나치즘에 동조한 죄로 추궁받았다.

▲1889년~1976년 ▲출신지: 독일 ▲대표 저서: 《존재와 시간》

후설은 모든 학문 이론을 주관적인 의식 체험으로 다시 기술하는 새로운 학문인 현상학을 전개했다. 이는 매우 야심차고 훌륭한 시도였고 현재도 현상학을 연구하는 사람이 많다. 하지만 현상학과는 대조적으로 후설 자신은 그렇게 두각을 드러내지 못했다. 실제로 후설이라는 철학자의 이름은 일반인에게 거의 알려져 있지 않다고 해도 과언이 아니다. 또한 후설은 현상학이라는 획기적인 학문의 창시자이자 이른바 교조적인 입장에 있었음에도 불구하고 그의 현상학 강의는 항상 폐강됐고 적은 수의 수강생들조차 대부분 강의 도중에 잠들었다고 한다. 아무래도 후설은 고지식해서 엄밀하게 이론을 개진하는 성격이었으며 같은 말을 장황하게 몇 번이나 반복하는 사람이었던 듯하다. 노골적으로 말하면 그는 철학자로서는 위대했지만 인간으로서는 재미없고 사람을 끄는 카리스마가 매우 부족한 사람이었다.

그러나 그의 제자는 달랐다. 제자는 엄청난 카리스마를 지니고 있었다. 그 제자가 바로 현상학의 수법을 사용해 독자적인 존재론을 전개한 독일의 철학자 **하이데거**다. 하이데거는 오늘날 '20세기 최고의 철학자'로 명성이 높은데, 그가 대단했던 것은 무엇보다도 압도적인 카리스마 때문이었다. 실제로 철학을 전혀 모르는 사람이라도 하이데거라는 이름

정도는 들어본 적이 있을 것이다. 하이데거의 무엇이 그렇게 대단하냐고 묻는다면, 그는 스승인 후설과 다르게 달변가였고 매혹적으로 철학을 이야기하는 재능이 넘쳐났다고 답할 수 있다.

예를 들어 하이데거는 인간을 솔직하게 인간이라 칭하지 않고 **현존재**現存在라든가 **세계-내-존재**世界內存在라 불렀다. 그래서 하이데거의 책을 펴고 중간부터 읽으면 "현존재인 세계-내-존재는 존재론적 차이에 의해 존재자를 존재자답게 하는 존재를……"처럼 설명하기 때문에 전혀 그 의미를 알 수 없다. 하이데거 자신이 만든 신조어 때문에 그렇다. 하지만 귀에 익숙하지 않은 전문용어가 유창하게 쓰여 있으면 그 나름대로 멋지게 느껴지기도 한다.

또한 그는 자신의 철학이나 사상의 전모를 다른 사람들이 아는 것을 극도로 싫어해서 매우 깊이 생각해야만 이해할 수 있는 표현을 사용했다. 그 때문에 "그래서 하이데거는 무엇을 말하고 싶은 거지?"라는 세상의 질문에 하이데거의 동료 철학자조차 잘 모르겠다고 답할 정도였다. 그렇지만 하이데거는 그만의 독특한 철학 언어를 달변으로 설명했고, 세상의 비밀이 바로 밝혀질 것만 같이 긴장감 있게 강의를 진행했기 때문에 큰 인기를 얻어 학생들이 빠짐없이 몰려들었다.

존재의 철학

카리스마를 지닌 하이데거는 철학을 탐구하는 방식도 도전적이었다.

"지금까지 철학은 사람이나 사물의 상태에 관해 질문했지만 그보다 더 중요한 질문이 있네. 바로 '존재한다는 것은 본디 어떤 의미인가?'이지."

지금까지의 철학은 사과는 정말로 존재하는지, 존재하는 사과의 정체가 대체 무엇인지에 대해 필사적으로 물었지만, 하이데거는 철학자들이 '사과가 존재한다는 것이 본래 어떤 의미인가?'라는 근본적인 문제는 간과하고 있다고 생각했다. 그래서 그는 기존 철학은 전혀 존재에 대해 알지 못한다고 지적하는 동시에, 자신이 그 존재의 비밀을 밝혀냈다고 의미심장하게 주장했다. 그러면 하이데거는 어떤 식으로 존재에 관해 철학했을까?

그는 존재가 인간 안에서 생기는 것이라 생각했다. 우선 그는 '존재'가 언어에 불과하다는 점을 명확히 했다. 그리고 존재라는 말을 사용하여 '존재란 무엇인가?'를 묻는 것은 명확히 인간이다. 동물은 존재란 무엇인지에 관해 결코 의문을 갖지 않는다. 아니, 동물이 실제로 무엇을 어떻게 생각하는 지는 알 수 없지만 적어도 존재라는 말을 사용하는 것은 인 간뿐이다. 그러면 결국 '존재란 무엇인가?'라는 말의 의미는 '존재한다는 것은 인간에게 어떤 의미인가?'라는 문제로 환 원된다.

하지만 여기서 잘 생각해보자. 인간은 이미 존재라는 말을 사용하고 있다. 이 말은 우리 인간이 존재에 대해서 철학할 필요도 없이 존재라는 말의 의미를 애초부터 알고 있었다는 뜻이다. 존재라는 말의 의미를 알지 못하면 처음부터 '존재한다는 것은 무엇인가?'라는 질문조차 만들 수 없기 때문이다.

그래서 하이데거는 우선 우리가 사용하는 존재가 대체 어디에서 유래한 말이고 무엇을 의미하는지 물어볼 필요가 있다고 주장했다. 즉, 그는 존재에 대해 알고 싶다면 먼저 인간을 알아야 한다는 논리를 전개한 것이다.

하이데거는 자신의 논리를 그 유명한 《존재와 시간》이라는 책으로 정리했지만, 유감스럽게도 미완으로 남아 하이데거가 존재의 문제를 어떻게 설명하려 했는지 알기 어렵다. 《존재와 시간》은 "'존재'에 의문을 갖는 인간이란 대체 무엇인가?"라 질문하며 인간 분석에 집중한 나머지 중간부터는 "인간은 자신의 죽음을 자각함으로써 인간이 된다"는 등의 인생론 같은 내용이 되어버린다. 이는 하이데거의 책이 '존재철학'이라기보다 '인간철학'으로서 높은 평가를 받는 동시에 '존재 없는 존재론'이라 야유를 받는 이유이기도 하다.

하이데거의 저서 《존재와 시간》은 큰 화제를 불러일으켰지만, 상권만 간행됐고 존재의 수수께끼도 명확히 해명하지 못했다. 그는 주변에 상권은 어디까지나 하권을 위한 준비 작업에 불과하고 하권에서는 존재의 정체에 관한 매우 놀랄 만한 전회轉回를 준비하고 있다고 이야기했다고 한다. 그러나 하권은 집필되지 않았다. 하이데거가 우리에게 대체 무엇을 이야기할 예정이었는지는 오늘날에도 알 길이 없고, 철학계 최대 수수께끼로 남아 있다.

언어는 구별하기 위한 체계다

언어에 혁명을 일으킨 슈퍼 천재 **소쉬르**

필 살 기

기호론

14세에 첫 논문을 작성할 정도로 매우 뛰어났지만 사후 제자들이 편찬한 《일반언어학 강의》 이외에는 살아생전에 단 한권의 책도 내지 않았다.

▲1857년~1913년 ▲출신지: 스위스 ▲대표 저서: 《일반언어학 강의》

그러면 결국 존재란 무엇이란 말인가? 그 답의 하나로서 스위스 언어학자 **소쉬르**(1857년~1913년)의 철학이 참고가 될지 모르겠다.

소쉬르는 대대로 학자를 배출한 명문가 출신으로, 제네바 대학의 언어학 교수였다. 하지만 그는 그때까지의 기존 언어학에 불만을 느끼고 있었다. 그 당시 언어학은 '어떤 나라의 언어는 시간이 지남에 따라 이런 식으로 변해갔다'는 역사적인 경위만을 조사하거나 비슷한 언어를 사용하는 나라의 말들을 비교해 공통의 기원을 찾는 것이 주류인 연구였다. 그러나 평소 소쉬르는 '왠지 이게 아닌 것 같은데'라고 생각했던 것 같다.

"좀 더 인간과 세계의 연결을 나타낼 수 있는, 지금까지 없던 새로운 언어학을 만들 수는 없는 걸까?"

이런 생각에 사로잡힌 소쉬르는 새로운 언어학의 발명을 목표로 밤낮 가릴 것 없이 연구를 계속했다. 하지만 그는 기존의 언어학 연구에는 소홀히 해 학회에서 어떠한 성과도 인정받지 못하고 학자로서 불우한 인생을 살았다. 그런 삶을 살던 어느 날, 소쉬르는 마침내 새로운 언어학 발명에 성공한다. 그는 그것을 대학 강의에서 학생들 앞에서 발표했다. 당시 제네바 대학은 매우 수준이 높은 대학은 아니었던 듯하다. 지방도시의 이류 대학이라는 이유 때문일까. 당시 학생들도 소쉬르의 강의를 잘 이해하지는 못했다고 한다.

학생들 대부분은 열심히 할 마음이 없었고 절반은 잠들 생각으로 강의에 참여했는지도 모른다. 하지만 학생들은 소쉬르의 강의를 듣고 충격을 받았다. 이류 대학생인 자신들처럼 학계에서 대단한 평가를 받지 못하던 소쉬르 선생이 지금까지 들어본 적 없는 획기적인 언어학 이론을 강의에서 설명하기 시작한 것이다.

하지만 비극은 거기서 시작된다. 소쉬르는 학생들에게 새로운 이론을 가르친 후, 그것을 세상에 알리기도 전에 병사했다. 새로운 언어학을 추구했던 소쉬르는 마지막까지 불우하게 죽어버렸다. 소쉬르는 자신의 획기적인 언어학을 어디에도 논문으로 발표하지 않았다. 그렇기 때문에 그의 이론을 알고 있는 사람은 그의 강의를 들었던 학생뿐이었다. 소쉬르가 불우한 상황을 감수하면서까지 생애에 걸쳐 추구했던 학문의 성과를 이대로 묻어버려도 되는 것일까. 제자들은 "절대로 그래서는 안 된다! 이 이론을 그대로 방치해둔다면 우리는 무엇을 위해 학문의 인재로서 대학에 들어왔단 말인가!" 하고 생각했다.

소쉬르 강의에 참여했던 학생들은 분발했다. 그들은 강의 내용을 적은 노트를 서로 가지고 와서 모두 협력하여 한 권의 책으로 정리했다. 그것이 《일반언어학 강의》라는 책이다. 학생들의 서투른 해석으로 인해 여러 가지 모순도 있고 결코 완벽하지 않은 책이었지만 소쉬르가 어떤 생각을 가지고 있었는지 전달하기에는 충분했다. 그리고 그 책은 순식간에 반향을 불러일으켰다. 그 결과 그들이 참여했던 소쉬르 선생의 수업은 언어학계의 전설로 남는다.

이리하여 소쉬르는 오늘날 '근대언어학의 아버지'로 불리는 위대한 언어학자로서 역사에 이름을 새겼다.

차이의 체계

소쉬르의 언어학은 대체 어떤 것이었을까? 본래 소쉬르 이전에는 언어란 '사물에 붙여진 상표 같은 것'으로 이해됐다. 예를 들면 현실에 존재하는 빨갛고 둥근 과일이라는 사물에 그 사물과 대응하는 '사·과'라는 언어가 상표처럼 붙여진다는 사고방식이었다. 그러나 소쉬르는 그런 상표 언어관을 뒤집고 다음과 같이 새롭게 언어를 정의했다.

"언어란 차이의 체계라 할 수 있네."

여기서 차이는 '다름'이라는 의미지만 머릿속에 떠올리기 쉽게 보다 간단한 단어로 '구별'이라는 표현을 써보겠다. 그러면 이렇게 된다.

"언어란 구별의 체계라 할 수 있네."

이 정의에서 알 수 있듯이 소쉬르는 언어란 어떤 사물을 어떤 사물이라 구별하기 위해 만들어졌다는 새로운 언어관을 제시했다. 즉, 단순히 빨간 무언가를 사과로 인식하고 싶기 때문에 사과라는 이름을 붙인 것이 아니라 빨간 무언가를 다른 존재와 구별하고 싶기 때문에 사과라는 이름을 붙였다고 생각한 것이다. 이렇게 들으면 극히 미묘한 차이처럼 생각될지도 모르겠다. 결국 사과를 사과라고 식별하기 위해서 '사과'라는 이름을 붙인 것이 아닐까 하고 생각하는 사람도 있을 것이다.

하지만 이는 매우 중요한 점이기 때문에 조금 더 자세히

형태는 달라도 모두 돌이다.

설명해보겠다. 잠시 위의 그림을 보자.

　그림에 많은 돌이 보인다. 우리는 이 그림을 보고 "많은 돌이 있네"라고 말한다. 그리고 이 그림 속에 있는 각각의 돌에 어떤 이름을 붙이려고 하지 않을 것이다. 일반적으로 "가장 왼쪽에 있는 것은 이시스, 그 옆에는 이시코"라고 사물에 이름을 붙이지는 않는다. 전부 동틀어서 '돌'이라는 이름으로 부를 것이다.

　"가장 왼쪽에 있는 게 뭐지?"
　"돌이야."
　"그럼 그 옆에 있는 건?"
　"그것도 돌이지."

구별할 필요가 있기 때문에 구별한다.

하지만 자세히 보면 각각 형태도 다르고 크기도 다르다. 명확히 똑같은 것은 하나도 없다. 그래도 우리는 "이것도 저것도 다 똑같은 돌이네"라고 말하며 그 차이를 무시한다. 그런 차이는 아무래도 상관없기 때문이다. 즉, 우리는 각각의 돌이 지닌 차이를 구별할 가치를 발견하지 못한다. 그리고 구별할 가치가 없기 때문에 구별할 필요도 없다. 결국 우리는 구별할 필요가 없기 때문에 각각의 돌을 지시하는 단어를 만들지 않고 '돌'이라는 한 가지 단어로 정리한 것이다.

그러면 위의 그림을 보자. 다양한 과일이 놓인 그림이다. 우리는 이 그림을 보고 "왼쪽부터 사과, 귤, 수박이 놓여 있네"라고 말한다. 왜 그럴까? 돌 그림에서는 전부 통틀어서 "전부 돌이네"라고 말했다. 그런데 왜 이 그림을 보고는 그렇게 하나로 말하지 않을까? 이 그림에 그려진 사물은 우리에게 구별할 필요가 있기 때문이다. 즉, 구별할 가치가 있다. 그렇기 때문에 구별할 필요가 있고 각각의 과일을 지시하는 단어(언어)가 발생한 것이다.

그러면 여기서 우리와 완전히 다른 식생활과 가치관을 가진 우주인이 있다고 가정해보자. 그들은 인간처럼 유기물 과일을 먹지 않는다. 그런 그들에게 이 과일 그림을 보여줬을 때 어떤 반응을 보일까? 아마도 우리가 돌 그림을 봤을 때처럼 "'유기물 덩어리'가 가득 있는 그림이네"라는 반응을 보이지는 않을까?

그들은 이러한 과일(유기물 덩어리)을 사과, 귤, 수박으로 구별할 필요가 없다. 유기물을 먹지 않는 그들에게 이러한 것들은 구별할 가치가 없기 때문이다. 그래서 그들은 우리가 말하는 사과나 귤, 그리고 수박에 상응하는 단어를 가지고 있지 않다.

우주인에게 "자세히 보라고! 저건 빨갛고 이건 노란색에 생긴 것도 크기도 전혀 다르잖아!"라고 해도 소용없다. 그들에게 이 과일들이 지닌 차이는 돌의 차이와도 같다. 반대로 돌을 식사로 하는 우주인이 우리에게 "잘 보라고! 다양한 돌이 있잖아!"라고 해봤자 서로 곤란해질 뿐이다.

결국 사과나 귤 같은 단어는 단순히 사물이 있기 때문에 그것에 대응하는 단어로서 발생한 것이 아니라, '구별할 가

papillon
빠삐용

나비

나방

한자를 사용하는 나라에서는 구별하지만 프랑스에서는 구별하지 않는다

치'가 있기 때문에 구별에 대응하는 단어로서 발생했다는 점을 알 수 있다. 즉, 언어는 '존재를 어떤 식으로 구별하고 싶은가'라는 가치관에서 발생했으며, 그 가치관의 차이야말로 언어체계의 차이를 만들어낸다. 이 내용을 요약해서 짧게 정리하면, '언어체계의 차이 = 구별체계의 차이(무엇을 구별할 것인지에 대한 가치관의 가치)'라는 이야기가 된다.

알기 쉽게 우주인이라는 특수한 생명체로 설명했지만, 우주인과 인간의 언어 차이는 같은 인간끼리도 일어난다. 한자를 사용하는 우리는 '나비蝶'와 '나방蛾'을 구별해 각각 다른 언어로 표현하고, 완전히 다른 존재로 파악해 전혀 다른 이미지를 부여한다. 하지만 프랑스어를 사용하는 사람들은 나비와 나방을 'papillon(빠삐용)'이라는 한 가지 단어로 표현하고 따로 구별하지 않는다.

또한 '누나'나 '여동생'이라는 단어도 그렇다. 우리는 '누나'와 '여동생'을 명확히 구별하지만 영어권 사람들은 구별하지 않고 'sister(시스터)'라는 한 가지 단어로 표현한다. 영어권에서는 자신의 여동생을 소개할 때 'my sister(마이 시스터)'라고 소개한다. 그들의 가치관에서는 그 대상이 연상이나 연하인지는 그다지 중요하지 않기 때문이다. 우리에게는 "여동생인지 아닌지 엄청 중요하지!" 하고 말할 수 있을 정도로 누나와 여동생의 구별은 중요하다. 아마도 우리에게는 존댓말이라는 문화가 있기 때문에 연상인지 아닌지가 중요한 정보일 것이다.

그 외에도 프랑스어는 '개'와 '너구리'를 따로 구별하지 않고 'chien'이라는 한 가지 단어로 표현하는 등, 나라가 다르면 사물의 구별(이름 붙이는 방식)도 완전히 바뀌는 사례는 얼마든지 찾을 수 있다. 이러한 사례에 대해 "그게 아니라고! 완전히 다르잖아!"라고 다른 언어체계를 지닌 사람들에게 주장해봤자 "응? 아니 뭐, 다른 건 알겠지만 그래도 대단한 차이는 아니니까"라며 상대방은 대수롭지 않게 받아들일 것이다.

반대로 영어권 사람들은 하얀 토끼와 갈색 토끼를 엄밀하게 다른 단어로 구별하고 두 토끼에 각기 전혀 다른 이미지

330

를 부여한다. 그러나 우리가 보면 둘 다 똑같은 '토끼'다. 이런 두 종류의 토끼를 보고 "전혀 다르잖아!" 하며 외국인이 주장해도 우리의 입장에서는 "확실히 색깔은 다르지만 그것만 다를 뿐이지 둘 다 똑같은 토끼잖아"라는 생각이 들기 때문에 이해가 잘 되지 않는다. 우리와 그들은 자라온 문화(가치관의 기반)가 다르고, 우리는 '우리의 문화에서 어떤 것을 구별할지'가 상식으로서 배어 있기 때문이다.

이렇게 구별체계(가치체계)가 언어체계로서 눈에 보이는 형태로 표현된다는 것이 바로 '언어란 차이(구별)의 체계'라고 말한 소쉬르 철학의 본질이다.

존재에서 가치를 발견해야 존재한다

이러한 소쉬르의 언어관을 근거로 존재에 대해 조금 더 생각해보자. 소쉬르는 인간이 세상 속에서 무언가를 구별하고, 구별하여 분리하기 위해서 '이름'을 붙인다고 했다. 그러면 이러한 구별은 어디에서 온 것일까?

우리는 이 세계가 원자로 구성되어 있다고 생각하지만, 실제로 원자라는 확고한 존재가 있는 것은 아니다. 원자는 다음

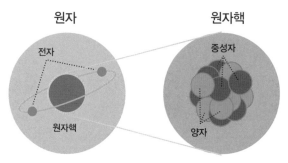

원자도 원자핵도 확고한 존재가 아니다

페이지의 그림처럼 원자핵과 전자로 구성되어 있으며 이 둘을 하나로 합친 것에 그저 '원자'라고 이름 붙인 것이기 때문이다. 그리고 원자핵도 그다지 확고한 존재가 아니라 사실 중성자와 양자로 만들어졌으며, 이 둘을 하나로 합친 것을 그저 '원자핵'이라 부를 뿐이다. 중성자도 수많은 쿼크로 구성되어 있고 이것을 하나로 합친 것을 '중성자'라고 부를 뿐이다.

여기서 원자는 우리가 상상하는 것처럼 단단한 공 같은 확고한 존재로 있는 것이 아니라, 사실은 단순히 '어떤 요소를 하나로 합친 것'을 '원자'라는 단위로 구별했을 뿐이라는 점을 알 수 있다.

여기서 잘 생각해보자. 이러한 구별 방식은 특별히 어떤 언어로 구별하든 상관없다. 예를 들어 다음 그림의 도식 X처

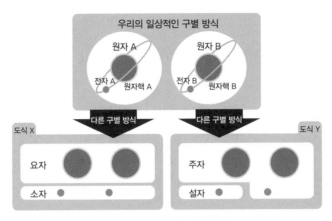

이런 식으로 구별해도 상관없다.

럼 구별하든, 도식 Y처럼 구별하든 별문제가 없다. 그리고 구별한 것을 '요자要子'라 부르든 '소자小子'라 하든 마음대로 이름을 붙여도 상관없다. 만약 이런 식으로 구별이 이루어졌다면 세상이 기술하는 방식도 바뀌었을 것이다. 물론 오늘날의 원자 구별 방식이 여러 면에서 편리했기 때문에 이렇게 구별했다고 말할 수도 있다. 따라서 반드시 이렇게 구별해야만 하는 필연성이 있는 것은 아니다. 그저 우리는 어릴 적부터 이렇게 구별해서 인식한다고 배웠기 때문에 그 이외의 구별 방식을 생각하지 못했을 뿐이다. 다른 구별 방식을 취한 인간이나 생물이 있다고 해도 크게 상관이 없을 것이다.

덧붙여 이러한 구별 방식의 문제(어디를 구별할 것인가)는

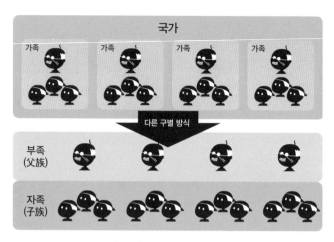

구별 방식을 바꾸면 다른 세계로…….

원자와 같은 미세한 것만의 이야기가 아니라 인간, 사회, 국가 등 거대한 것에 관해서도 똑같다.

우리는 어떤 인간 집단을 '가족'이라 부르고 어떤 가족 집단을 '국가'라고 불러 구별하지만 다른 방식으로 불러도 상관이 없다. 만약 부르는 방식을 바꿨다면 전혀 다른 세계가 모습을 드러냈을 것이다.

잠시 이런 상상을 해보자. 우주 저 멀리서 인간과는 전혀 다른 지성을 지닌 기이한 무언가가 우리를 찾아왔다고 하자. 하늘을 덮는 거대하고 기이한 괴물이 무서운 눈으로 구름 사이를 쳐다본다는 설정이다. 과연 그 괴물은 우리를 인간으로 바라볼까? 그렇지 않을 것이다. 어쩌면 그 괴물은 인간을 봐도 단순한 원자 결정이 굴러가고 있을 뿐이라 생각할지도 모른다. (괴물은 무기물과 유기물을 구별할 이유가 없다.)

만약 그 괴물이 인간을 그렇게 바라보고 있다면 토끼, 사과도 인간과 같은 원자 결정으로 간주하고 구별하지 않을 것이다. 그뿐만이 아니라 인간과 돌을 구별하지 않을지도 모른다. 괴물에게는 한쪽은 조금 진동하는 원자 결정이고, 다른 쪽은 그다지 진동하지 않는 원자 결정 정도의 차이에 불과할 것이다. 그리고 그런 차이는 이 거대한 괴물에게 본질적인 차이가 아니기 때문에 그 차이를 구별할 필요가 없다.

이 괴물의 시점은 우리가 눈 내린 한 폭의 경치를 보는 것과 같다. 어느 곳을 봐도 눈이어서 얼음 결정만이 가득할 뿐이다. 하지만 자세히 바라보면 바람이 불어 바람에 날리는 얼음 결정도 있고, 멈춰 있는 얼음 결정, 하나로 굳어진 얼음 결정, 펄렁거리는 얼음 결정도 있을 것이다. 하지만 우리는 그런 각각의 작은 변화에는 신경 쓰지 않는다. 그런 작은 변화에 이름을 붙이고 다른 것과 구별하려는 생각은 하지 않는다. 우리는 그저 그 경치를 '많은 얼음 결정이 있다'고 간주할 뿐이다.

이와 같이 하늘에서 우리를 바라보는 거대한 괴물에게는 인간, 개, 사과, 책상, 돌 등 모두가 완전히 똑같은 하나의 얼음 결정에 불과하다. 그리고 괴물이 마음을 바꿔 손을 뻗어 결정을 집어 결정의 형태를 변화시켰다고 해도 어떤 감정도 느끼지 않을 것이다. 우리가 눈을 주물럭거려 눈사람을 만드는 것과 같은 수준의 감각이다. 거기에 얼음 결정의 죽음이 있을 거라고는 생각지도 못할 것이다.

그러면 여기서 한 가지 문제를 제기해보자. 이 거대한 괴물이 바라보는 세계와 우리가 바라보는 세계는 정말로 똑같은 세계일까? 물론 그 답은 '세계'라는 단어의 정의에 따라 다르다. 신과 같은 위치에 있는 시점이라면 괴물과 인간은 같은 세계의 주인이라 할 수 있다. 하지만 역시 그것도 신의 시점, 다시 말해 '괴물과 인간을 구별할 수 있음을 전제한 시점'에서 보는 세계의 이야기다. 만약 어디까지나 각각의 시점에서 보는 것을 세계라고 부른다면 명확히 괴물의 세계와 인간의 세계는 서로 다르다. 괴물의 세계에는 인간도, 사과도, 돌도 존재하지 않기 때문이다.

왜 괴물의 세계에서는 인간도 사과도 돌도 존재하지 않는 걸까? 지금까지의 이야기에서 설명한 것처럼 그 괴물은 우리와 사물의 구별 방식, 다시 말해 무엇을 구별할지에 대한 가치관의 체계(언어체계)가 다르기 때문이다. 결국 서로 다른 가치관을 가진 괴물과 인간은 각자의 가치관에 대응해 서로 다른 존재가 있는 세계를 바라보고 있다고 생각할 수 있다.

　그러면 사과 같은 존재는 사과라는 물질이 있기 때문에 존재하는 것이 아니라, 사과를 사과로 구별하는 가치관이 있어 비로소 그곳에 존재한다고 할 수 있다. 이런 가치관을 가지고 있지 않다면 사과 같은 것은 어디에도 존재할 수 없다. 즉, 사과라고 '구별'해야 사과가 '존재'한다. 만약 사과라고 구별하는 일이 우주에서 완전히 사라져버린다면 어떻게 될까?

　우리는 기본적으로 자신이나 누가 죽어도 세계는 아무 변화 없이 그대로 지속된다고 강하게 믿는다. 그렇기 때문에 눈앞에 있는 사과는 자신이 죽든 누가 죽든 변함없이 사과로서 존재할 것이라 생각한다. 이는 '사과'라는 것을 구별하는 존재가 아직 남아 있기 때문에 이렇게 생각하는 것에 불

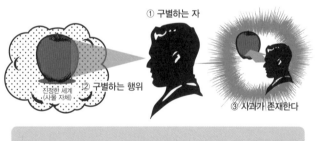

① 구별하는 자

진정한 세계
(사물 자체) ② 구별하는 행위

③ 사과가 존재한다

①이 있어야 비로소 ③이 있다.
①이 없으면 ③도 있을 수 없다.

과하다. 만약 스케일을 키워서 그 빨갛고 둥근 유기물을 발견하고 구별하던 종족이 전멸한다면 그때는 이미 '사과'라는 것은 존재하지 않을 것이다.

따라서 만약 인류가 멸종한다면 세계는 우리가 상상하는 삼차원 공간에 원자가 떠다니는 형식으로 지속되지 못한다. 삼차원 공간이나 원자는 인간이 만들어낸 '구별'에 불과하기 때문이다. 따라서 이렇게 구별하는 것이 없어진다면 삼차원 공간도, 원자도 존재하지 않을 것이다. 그저 아무 변화 없이 똑같은 연속체―어디에도 구별이 없는 세계, 오로지 새하얀 설경, 어떤 것이 존재한다고 할 수 없는 혼돈의 상태가 될 것이다.

이러한 관점으로 생각해보면, 만약 당신에게 결코 양보할 수 없고 가장 소중한 '가치가 있는 무언가'가 존재한다 해도 당신이 죽으면 그 존재도 더 이상 존재하지 않는다. 당신이 바라보는 세계는 당신 특유의 가치로 재단한 세계이며, 이 세계에 존재하는 모든 것은 당신 특유의 가치로 재단한 존재다. 그렇기 때문에 당신이 없는 세계는 당신이 생각하고 있던 세계 그대로 결코 존재하지 않고 지속되지도 않는다.

존재란 그 존재의 가치를 발견하는 존재가 있어야 비로소 존재하기 때문이다.

나오는 말

《사상 최강의 철학 입문》, 어떻게 읽으셨습니까?

모든 것을 다 써낸 저는 이런 기분입니다.

사상 최강의 철학 토론대회!

종료오오오오오오오오오오오!

두 번 다시! 두 번 다시 이런 대회는 볼 수 없을 것입니다!

서른한 명에 이르는 철학자들의 토론은

그저 하나의 평범한 주장이 아닙니다!

모든 주장이 다 위대한 주장!

모든 해답이 다 명쾌한 해답!

그리고 **모든 철학자들이**…… 대단했다!

현대사회에서 '철학을 한다'는 것은

어떻게 보면 무의미하다고 생각될 수 있습니다!

그러나 모든 것을 걸고 진리를 탐구한 철학자의 인생과 ─

자신의 이론이 통하지 않아 패배를 받아들인 철학자의 고뇌와 ─

깨달음을 얻었을 때의 철학자의 표정이 ─

그 모두가 우리 안의 무언가를 강하게 흔들었습니다!

철학하는 모습은 매우 아름답다!

사고하는 것은 아름답다!

생각하는 것은 훌륭하다!

고맙습니다, 철학자 여러분.

Philosophy is Beautiful!

이런 생각으로 불태우며 만족할만한 입문서를 쓸 수 있었다고 생각합니다.

주간연재의 인기 만화가로서 매우 바쁘심에도 불구하고 표지 그림을 기쁘게 작업해주신 이타가키 케이스케 선생님께 감사와 경의를 표합니다. (만화 바키 시리즈가 철학적으로 얼마나 훌륭한 작품인지 전할 수 있었던 것은 제 평생 남을 추억입니다.) 또한 "이 책의 표지는 '바키'여야 합니다!"라는 투정을 받아주신 단행본 담당자 소노다 씨께 감사드립니다. (이타가키 선생님을 만나러 갔을 때는 마치 올리버★를 만나러 간 소노다★★씨가 된 기분이었습니다.) 문고판 담당을 맡아주신 이나무라 씨에게도 감사드립니다. 끝으로 이 책을 제 둘째와 잭 한마★★★씨에게 바칩니다.

★　**올리버** 이타가키 케이스케의 격투만화 바키 시리즈의 등장 인물 비스켓 올리버(ビスケット·オリバ)를 가리킨다.

★★　**소노다** 바키 시리즈에서 올리버에게 사형수 체포를 의뢰한 등장인물 소노다 모리오(園田盛男)를 가리킨다.

★★★ **잭 한마** 바키 시리즈의 주요인물 잭 한마(ジャック範馬)로, 무시무시한 괴력의 사나이다.